CHENGSHI ZONGHE KAIFA XIANGMU
GAINIAN GUIHUA JISHU GUANKONG

城市综合开发项目概念规划技术管控

中交第四航务工程勘察设计院有限公司
中交城市投资控股有限公司 编著

天津大学出版社
TIANJIN UNIVERSITY PRESS

图书在版编目(CIP)数据

城市综合开发项目概念规划技术管控 / 中交第四航务工程勘察设计院有限公司，中交城市投资控股有限公司编著. -- 天津：天津大学出版社，2024.6

ISBN 978-7-5618-7723-4

Ⅰ. ①城… Ⅱ. ①中… ②中… Ⅲ. ①城市开发－综合开发－项目评价－研究 Ⅳ. ①F291

中国国家版本馆CIP数据核字(2024)第095275号

出版发行	天津大学出版社
地　　址	天津市卫津路92号天津大学内（邮编：300072）
电　　话	发行部：022-27403647
网　　址	www.tjupress.com.cn
印　　刷	运河（唐山）印务有限公司
经　　销	全国各地新华书店
开　　本	710mm×1010mm　1/16
印　　张	9
字　　数	162千
版　　次	2024年6月第1版
印　　次	2024年6月第1次
定　　价	98.00元

编写委员会

总　策　划　郑　磊　丁仁军

编委会主任　胡雄伟　张　毅

编委会副主任　覃　杰　刘　可

高级顾问　廖建航　厉　萍

审　　定　陈有文　卢永昌

审　　核　郑　斌　戴振华

主　　编　孟全全　魏俊辉　金智仁

主要编委　李嘉靖　侯楚颖　李江华　刘　强　李　奇　廖慧敏　骆彬悦

参编人员　赵彬彬　姚苑平　朱云海　李晓铳　郑　凡　冯颖慧　汤伊琼　苗　辉　张兆华　罗铬磊　彭佐康　刘景华　陈亮东　宋　毅　元晓鹏　龚家勇　黄大明　袁文钊　钟昕昉　黄祥华　张皓翔　吴国威　康雨薇　刘缵杰　戴斯琪　向思怡　黎　杰　罗　卫　祝海明　刘国良　邓　迎　李苏苏　唐泓懿　凌锡平

序言

Preface

随着我国新型城镇化战略向纵深推进，以人为核心、产城融合发展的城市综合开发理念被越来越多的地方政府和企业所重视并加以应用，城市综合开发项目在许多地区成功实践并蓬勃发展，成为城市建设的新样态、新趋势。城市发展的多样性需求，也使城市综合开发业务的市场空间得到进一步释放。

当下，我国正致力于构建以国内大循环为主体、国内国际双循环相互促进的新发展格局，协调发展、特色发展是推动循环的关键动力。城市管理者必须根据自身资源禀赋和发展条件，充分考虑发展阶段的差异性，科学确定发展特色、定位和策略，赋予城市更强的有机生长活力和可持续发展动力。新的发展格局之下，城市综合开发项目的投资合作内容日益复合，从过去相对单一的一级开发逐步向开发策划、城市运营、产业招商等更具综合性的服务延伸发展，投资机构也更加重视项目的品质打造和自身的投资平衡性。

概念规划作为城市综合开发项目前置性重要一环，通过在空间维度上的资源合理配置与优化，奠定项目的实施框架，在项目开发运营链中起着承前启后的作用。对概念规划进行标准化的技术管控对项目开发具有非常重大的意义。一是通过统一工作推进路径，从项目开发运营链的前端开始，更系统性地帮助破解复合业务趋势背后的难题，提高业务运作效率。二是注入投资逻辑的技术管控，还可帮助项目工作团队实现从“就技术论技术”向“技术与商业思维相融合”的转变，规避开发陷阱，合理安排资金投放节奏，优化项目投资回报，支持一、二、三级联动开发。

业内现有与概念规划相关的技术标准主要分为两类：一类是规划编制技术手册类书籍，侧重于法规标准，规划逻辑更注重政府诉求、公益性，但对项目经济可行性、企业投资需求考虑不足；另一类是企业技术标准，能体现企业自身特有的开发逻辑，但不具备普适性。以上均难以满足新时期投资开发与量化控制的需要。

近年来，投资平台与咨询机构深度合作共同推进城市综合开发业务的模式获得广泛关注。在中交集团，中交城市投资控股有限公司与中交第四航务勘察设计院有限公司已合作落地了数十个城市综合开发项目，其中不乏宁波奉化城市转型示范区、顺德高新区西部启动区、中山（石岐）总部经济区等在业界具有典型代表性的项目。本书认真总结了过往项目的实践经验，采用“定性 + 定量 + 案例”相结合的方式，对城市综合开发项目概念规划编制的质量管控要点做出解析，以求将城市综合开发项目特有的投资逻辑转化为浅显易懂的技术语言，为不同的应用场景提供支持工具，为业内同仁提供技术参考，让概念规划更有效地服务于投资决策。

本书的主要价值：一是系统梳理城市综合开发项目空间维度上的潜在开发风险与资源配置诉求，有助于从项目的总体层面把握资金投放节奏、保障投资效益；二是站在项目全生命周期以及规划全流程的角度，明确概念规划的技术管控内容，促使概念规划承前启后的核心作用得以更好地发挥；三是融入众多城市综合开发项目的实操经验，提供系统的、兼顾公共性与商业性的规划编制技术指引，有助于指导相关从业人员提升专业技术能力，增强规划成果的可落地性，减少无效或低效开发对有限空间资源的浪费。

对过往经验的总结提炼，是我们面向未来发展的一种积极尝试，相信这本《城市综合开发项目概念规划技术管控》能给广大读者带来裨益。同时我们也认识到，这种尝试具有一定的局限性，我们还有巨大的前行空间，需要与更多的同行一起加强这一领域的学习与探索。

中交第四航务工程勘察设计院有限公司

党委书记、董事长

邓　磊

2024 年 6 月

前言

Preface

概念规划源于城乡规划领域，却又并不在法定规划体系之内，因此一直以来都没有相应的法规、规章或规范标准对其编制做出约束或指导。正是由于这种开放灵活性，概念规划往往更能激发出“新思路”“金点子”，为当地发展提供新路径，注入新活力。同时，为了更好地突出这些亮点，概念规划的成果结构千差万别、缺少范式，然而这并不利于相关技术管控工作的开展。

概念规划产生的背景，也决定了其内容具有较强的公共性，对经济可行性的思考较为薄弱。尽管越来越多的规划编制参与者（编制单位或其委托方）已经意识到了这个问题，将财务分析作为概念规划的必要内容之一；但这种对于经济可行性的考量，大多仅局限于算账层面，更多是一种基于工程量和土地增量的“二维”数据分析，没有将投资逻辑融入规划方案当中，未能充分叠合政策约束、投资节奏等影响形成更多维立体的认识。

当下，城市综合开发项目的投资合作内容日益复合，特别是在区域开发策划、产业发展服务、城市运营服务等方面拓展丰富；而且，项目的投资平衡性对项目能否正常推进与运作尤为重要。概念规划的前瞻性构思与系统性安排，能够有助于统筹解决上述难题。但在项目拓展及开发前期，项目工作团队要从大量繁杂的信息中抽丝剥茧，形成经济可行、高品质的概念规划成果，这对于大多数项目成员来说是很大的挑战。

本书旨在将商业思维融合进规划技术当中，通过结合两家编著单位的既有项目实操经验，对城市综合开发项目的基本内涵和投资逻辑做出简析，明确对该类项目概念规划进行质量管控的重点内容，并给出与不同应用场景相适应的支持性工具表，以期为读者提供标准化、可操作、易使用的技术管控指引，为城市综合开发项目概念规划的成果编制、成果评价、技术管理提供标准依据，帮助相关工作团队搭设共同语境，形成统一认识，提高工作效率，保障成果质量，降低投资风险。

本书共分为四个部分，分别是关键共识、使用指引、质量管控、实用工具。第一部分关键共识，根据政策法规要求与项目实操经验，总结出城市综合开发项目的内涵、投资逻辑以及概念规划的作用，读者可借此帮助项目工作团队统一基本理念。第二部分使用指引，对本书的使用原则、使用方式和管控结构做出简述，以便读者可结合自身角色快速理解本书的阅读要点。第三部分质量管控，介绍了城市综合开发项目概念规划需要重点管控的内容，并基于城市综合开发项目的价值取向和基本逻辑，从概念理解、管控目标、管控要点、技术指引、表达形式、实例解读六个方面对各项内容的技术管控要点进行阐释，是本书的核心内容。第四部分实用工具，整理出有助于管控工作规范化开展的支持性文件，以方便读者日常工作使用。

由于编写时间和编者能力所限，本书难免有不尽如人意之处。编写委员会将始终秉承开放学习的心态，广泛吸纳各方意见，以便本书日后迭代升级，最大限度满足实际使用的需要。

城市综合开发项目概念规划
技术管控编写委员会
2024 年 1 月

目　录

Content

1 关键共识

GUANJIANGONGSHI

1.1 城市综合开发项目的内涵

01

城市综合开发虽然已经发展有一段时间，但这一概念在我国现行的法规政策或学术专著中尚无统一明确的定义。

综合来看，城市综合开发项目可理解为，是以推动城市升级发展为导向，**依托一定范围的土地，由开发主体组织进行统一规划、统一设计、统一建设、统筹经营等开发建设活动的总和**。该范围的土地主要位于国土空间规划确定（或拟确定）的城镇建设用地范围内[1]。

02

项目的开发主体具有多种可能性。项目可能由地方政府、地方综合开发平台公司（地方城投公司）、社会资本方，或其中的双方或多方合作负责。

03

项目的开发建设活动没有固定内容，可面向新区建设或旧城改造，涵盖开发策划与规划、勘察设计、土地整理、工程建设及投资、房地产开发乃至产业服务、运营维护、金融服务等项目全生命周期的活动。

国务院批转《全国城市规划工作会议纪要》
（国发［1980］299号）

对新建小城市、卫星城，现有城市的新建区、段和旧城成片改造地区，都应考虑组织开发公司，实行**综合开发**。开发内容，包括开发区的勘测、规划、设计、征地、拆迁、安置、土地平整和所需道路、给水、排水、供电、供气、供热、通信等工程建设。有条件的地

[1] 对于尚未明确城镇建设用地范围的地区，暂按原土规（土地利用总体规划）确定的城镇用地内的允许建设区考虑。

方，还可以包建住宅、生活服务设施、公共建筑、通用厂房等等。开发公司实行企业化经营。

《建设部关于加强城市综合开发工作的若干意见》
（建房字[1989]218号）

新区建设和旧城改造均应以**综合开发**方式为主，实行统一征地拆迁、统一规划、统一建设、统一管理，做到工业建筑与民用建筑，房屋与市政公用及电力、通信、文教、卫生、服务等设施配套建设，开发一片、建成一片、收益一片。各城市可根据需要确定1～2个开发公司，直属于综合开发主管部门。综合开发公司的主要任务是按照批准的规划方案，组织有关企事业单位从事开发区的规划、设计、城市基础设施和房屋建设，并以转让、出售、出租、抵押等方式经营房地产。

国家发展改革委《关于进一步完善政策环境加大力度支持民间投资发展的意见》
（发改投资［2022］1652号）

鼓励民间投资以城市基础设施等为重点，通过**综合开发模式**参与重点项目建设，提高数字化、网络化、智能化水平。

自然资源部关于印发《土地征收成片开发标准》的通知
（自然资规［2023］7号）

成片开发，是指在国土空间规划确定的城镇建设用地范围内，由县级以上地方人民政府组织的对一定范围的土地进行的综合性开发建设活动。

1.2 城市综合开发项目的投资逻辑

01

地方政府对于城市综合开发通常着眼于区域的中长期发展与综合效益，而以社会资本方为代表的投资机构则更注重城市综合开发的投资属性，即实际投资所带来的中短期收益。同时，城市综合开发项目一般都包含基础设施、公共服务设施这类公益性项目的开发建设，项目开发前期投入巨大，极大地增加了城市综合开发项目的短期负债，也进一步提高了项目整体的融资成本，最终使得城市综合开发项目的收益率普遍较低。城市综合开发的长期投资收益与短期债务支出的“期限错配”，以及较低的投资收益导致地方政府与社会资本方的激烈博弈，而这种博弈最终使得我们在市场上通常看到的大多数综合开发项目都是变相通过政府资金进行的 BT 项目，是社会资本方的“投资”多数是以名股实债形式进行的工程建设项目[1]，其中产生经营性收入的项目实际收益往往并不理想，地方政府负担的债务也在这一进程中不断累积。

有鉴于日益显著的地方政府债务问题，中央近年陆续出台了各项政策与指导意见，如 2022 年 5 月 31 日国务院批复的《“十四五”新型城镇化实施方案》（发改规划［2022］960 号）指出，要“创新城市投资运营模式，推进公共设施建设和土地潜在价值挖掘相统筹，提高收支平衡水平”，“合理确定城市公用事业价格，拓宽多元化融资渠道，鼓励银行业金融机构按市场化原则增加中长期贷款投放”。“防范化解城市债务风险，强化政府预算约束和绩效管理，合理处置和分类化解存量债务，严控增量债务”。中央的政策引导确定了当前城市综合开发的底层投资逻辑，投资机构需要从传统依靠主要由变相政府付费形式完成的建设开发，进一步转变为通过资产管理运营与资本运作盘活资产获得收益。

[1] BT 项目，即建设 - 移交（Build-Transfer），是一种投资建设模式。

02

城市综合开发项目的收益来源，已从过往相对单一的土地出让收入，逐步扩展到房地产开发，物业、设施及产业运营与服务等更广泛的领域。城市综合开发难免涉及土地开发或土地资源的再利用，土地资源及土地相关权益是影响收益的重要内容，土地不仅本身可形成出让收益，也会影响可售型物业与经营型物业的开发规模与运营效力，同时也对地方税收产生积极影响。另外需要重点关注的是经营性资产所产生的收益，可减少政府的变相投入，有助于实现项目投资的自平衡，一方面将是政府审核项目的关键，另一方面也对社会投资方在提高运营收入方面提出了更高的要求。

03

城市综合开发项目中的公益性项目虽然基本是纯投入的建设活动，但这不仅是政府履行公共责任或企业回应政府诉求的需要，**品质化的公益性项目配置供给同时也有助于提升项目区域价值，扩大项目可盈利空间**。

1.3 概念规划在城市综合开发项目中的作用

概念规划主要是基于对城市综合开发项目方向性、战略性重大问题的研究，对项目的开发建设做出前瞻性构思与系统性兼指导性安排。概念规划以适应项目快速启动、持续发展与科学决策等要求为基本原则，以全面、深入、精练的基础分析（对项目所处的区位条件、相关规划的要求，以及项目范围内及周边关系密切地区的现状情况，做出系统的梳理与研判，进而明确项目所具有的价值性与约束性因素）为前置条件，拟定项目发展的综合目标和发展框架，并将项目发展的潜在可能和需求解释为空间语言，实现在空间结构和土地利用（包括各类功能用地、交通、公共服务与市政公用设施等的规模与空间布局）上的转化，明确启动区建设的范围与安排，且适当考虑分期策略和财务可行性，形成引导策略来指导项目开发建设及下一层次规划设计的编制。**概念规划强调内容简练，区分轻重缓急，注重整体效益和长远效益，有助于保障项目的投资回报、社会效应、品质营造，是协调、指导项目中长期投资和发展的有效工具，在争取相关部门和单位支持及招商引资方面均具有重大意义。**

保障投资回报

发挥社会效应

营造品质项目

概念规划处于城市综合开发项目开发运营链的前端环节，通过空间维度上的资源配置与优化，从项目的总体层面，**将开发主体特有的开发逻辑和所确定的项目战略目标落实到空间布局上**，为后续规划细化、法定化奠定基础，也为**项目提供了实施框架**，在城市综合开发项目开发运营链中起到承前启后的作用，对项目的成败具有举足轻重的作用。

概念规划虽并不在法定规划体系之内，不能作为城乡建设和规划管理的法定依据，但其编制相较于法定规划更为自由，内容与控制性详细规划能形成良好对接，可通过为控制性详细规划的编制或调整提建议等方式，将规划的关键性结论落实到法定规划当中。

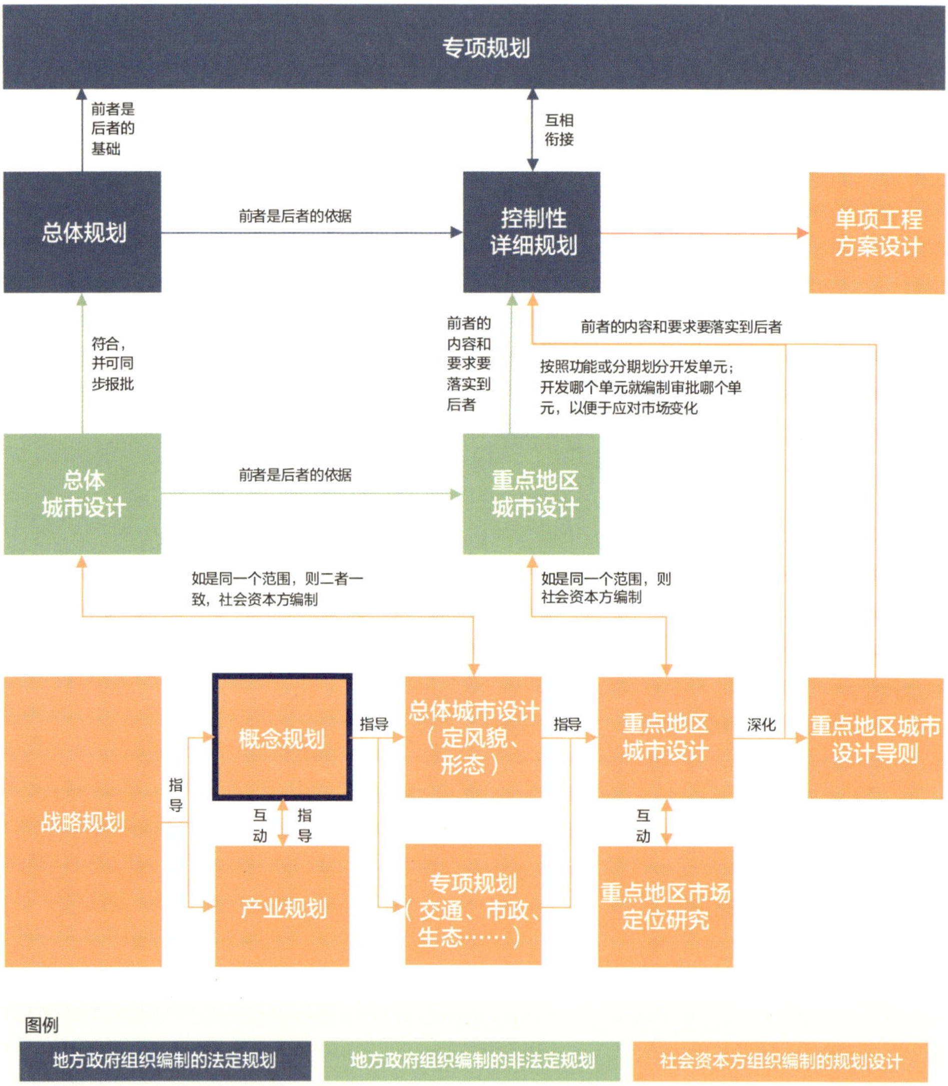
专项规划
前者是后者的基础
互相衔接
总体规划
前者是后者的依据
控制性详细规划
单项工程方案设计
符合，并可同步报批
前者的内容和要求要落实到后者
前者的内容和要求要落实到后者
按照功能或分期划分开发单元；开发哪个单元就编制审批哪个单元，以便于应对市场变化
总体城市设计
前者是后者的依据
重点地区城市设计
如是同一个范围，则二者一致，社会资本方编制
如是同一个范围，则社会资本方编制
战略规划
指导
概念规划
指导
总体城市设计（定风貌、形态）
指导
重点地区城市设计
深化
重点地区城市设计导则
互动
指导
产业规划
专项规划（交通、市政、生态……）
互动
重点地区市场定位研究
图例
地方政府组织编制的法定规划
地方政府组织编制的非法定规划
社会资本方组织编制的规划设计

2 使用指引

SHIYONGZHIYIN

2.1 使用原则

01

本书适用于**城市综合开发项目的概念规划编制与评价**，供参与相关环节的管理与技术人员参考使用，包括城市开发投资机构，规划、商业策划和工程咨询机构，以及其他相关组织与部门，也面向对本领域感兴趣的群体。

管理人员可借助本书把控技术管控的大方向，明晰规划编制与沟通工作的流程、要点，其中重点关注：

☆ 概念规划与其他规划环节的关系；

☆ 基于投资逻辑各项规划内容的作用及其质量管控目标、要点；

☆ 概念规划成果的达标要求；

☆ 与相关各方技术沟通需关注的重点管控内容及要点。

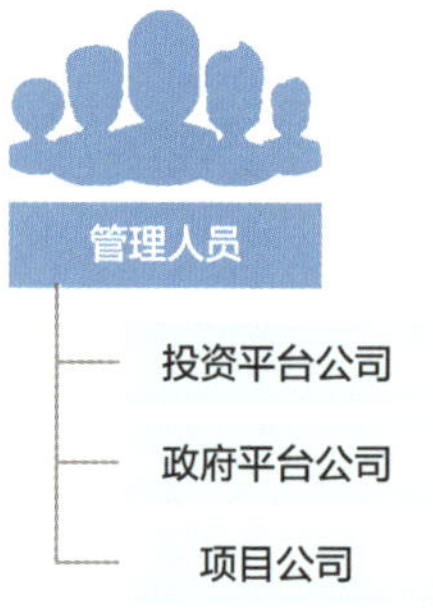

技术人员可借助本书了解投资逻辑对概念规划的影响，明晰规划研究的重点，速览相适应的技术指标与表达方式，其中重点关注：

☆ 城市综合开发项目的投资逻辑；

☆ 各项规划内容基于投资逻辑的内在关系及质量管控目标；

☆ 重点管控要点的技术要求；

☆ 各项规划内容的实例说明。

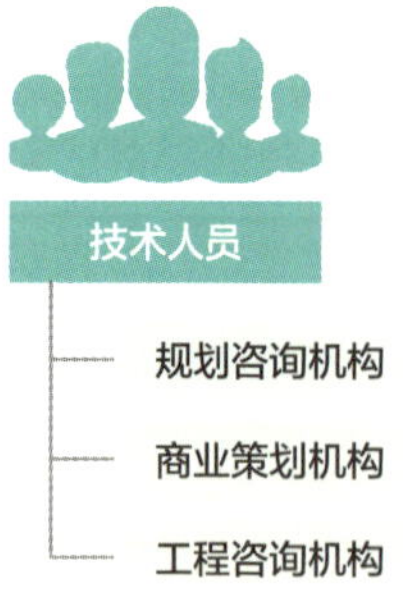

02

本书旨在协助项目工作团队实现如下目标：

☆ 梳理逻辑框架，统一开发理念，明晰概念规划的协同引领作用；

☆ 畅通团队内外部沟通环境，提高工作效率；

☆ 抓住密切影响投资开发的重点内容，防止遗漏，保障成果质量；

☆ 把控管控要点，降低项目开发过程中可能遇到的风险影响。

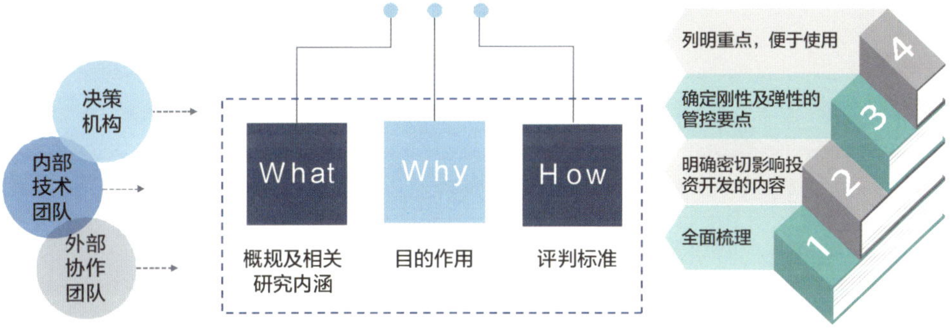

03

本书以城市综合开发项目的投资逻辑为基础，重点考量了规划内容的必要性、空间逻辑的合理性、规划指标的适用性；**符合本书要求的规划是一个适用性规划方案，但不一定是优秀的方案**。

为便于操作，本书质量管控的技术指引整合了常用的现行规范标准。书中所引用的规范标准若与国家和地方颁布的新规范标准存在矛盾，**应按最新的、具有法律效力的规范标准执行**。

2.2 使用方式

本书适于在以下 3 类场景中结合使用。

任务下达

过程讨论

成果评审

① 任务下达时

参照 **4.1 概念规划成果大纲指引**，确定成果的主要研究内容、图表要求。

投资机构，可梳理形成给予规划设计等技术单位的**任务书**。

技术单位，可梳理形成**服务内容大纲**。

② 过程讨论时

参照 **3 质量管控**，在内部及外部沟通中，围绕 3 个大类、6 个重点、18 项管控内容，**应议题需要，择项逐条商讨**，确认共识。

3 个大类是指管控内容根据其作用可归为摸清现有资源配置、统筹优化资源配置、分步落实资源配置三大类别，分别匹配现有资源甄别、整体方案建构、项目分步实施三大核心议题。

6 个重点是指对项目投资回报和开发节奏影响较大、规划编制与评价时需重点关注的内容，包括相关规划、现状梳理、空间结构、用地方案、分期策略和启动区建设 6 个方面。

18 项管控内容即概念规划需涵盖的所有内容。

讨论场景	核心议题	3 个大类、6 个重点、18 项管控内容
前期讨论 认知奠基	现有资源 甄别	**摸清现有资源配置**：1 项目区位；2 相关规划；3 现状梳理 ↓ 输入工作边界
方案商讨 成果优化	整体方案 建构	**统筹优化资源配置**：4 愿景定位；5 空间结构；6 重点项目；7 用地方案；8 开发强度；9 人口规模；10 绿地水系；11 综合交通；12 居住用地；13 产业用地；14 公共服务设施；15 市政公用设施 分析限制因素对投入产出的敏感程度 ↓ 提供总体框架　↑ 指导优化调整
	项目分步 实施	**分步落实资源配置**：16 分期策略；17 启动区建设；18 财务测算

3 成果评审时

参照4.2 概念规划成果标准18条评审表，逐条打分，综合评议，作为项目成果审查的依据。

2.3 结构简析

质量管控中的每项内容主要由 6 个部分组成。

（1）**概念理解**。对该项管控内容的内涵解释，帮助规划编制及管理团队搭设共同语境，更好地对该项进行管控。

（2）**管控目标**。该项管控内容在城市综合开发项目**投资逻辑**下要达到的目的，帮助使用者抓准技术管控大方向。

（3）**管控要点**。对该项管控内容的核心技术要求，以表格形式呈现，逐点陈述，列明重点，便于使用；附有注意事项，对容易出错的要点进行提示预警；附有补充说明，对技术要求中涉及的术语做出解释，帮助辨析。

（4）**技术指引**。对管控要点中表格内容的更详细阐释或者补充说明，帮助使用者充分理解技术细节和评价方法。

（5）**表达形式**。对该项管控内容呈现方式的要求，帮助成果表达规范化。

（6）**实例说明**。以实际案例的方式，更具体形象地反映该项管控内容的核心技术要求，帮助使用者更加直观地理解。

3 质量管控

ZHILIANGGUANKONG

3.1 质量管控逻辑导图

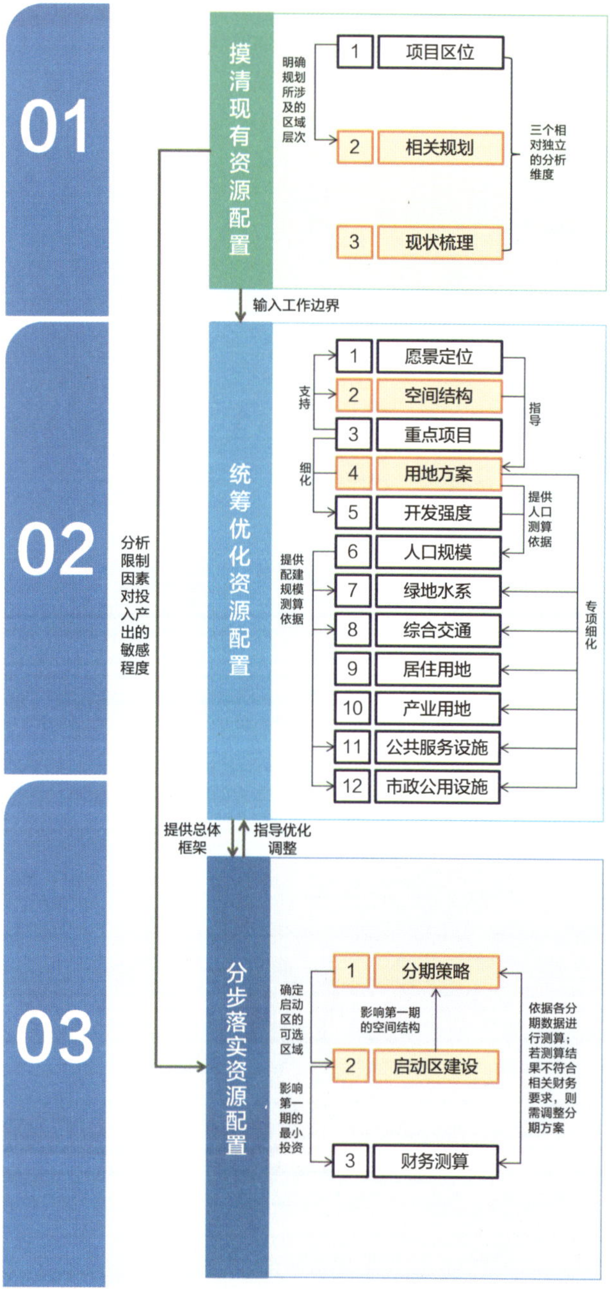

明确项目开发策划的工作边界及开发过程中**需重点关注的问题点、潜力点**，是保障规划和开发策略可落地的基础。

从全局到专项多方位明确项目开发生长的总体空间安排；其中，空间结构呼应项目**开发模式，形成控制开发节奏的基本框架**；用地方案是影响与落实项目**投资收益的主要载体**。

项目总体空间安排在时间和资金维度上的细化延展；其中，分期策略和启动区建设对各阶段资金投入产出的安排，不仅影响项目**生长能力的形成、品牌形象的确立**，还影响**资金敞口的控制、投资资金回正的周期**。

3.2 摸清现有资源配置

对项目现有资源配置情况的摸查，即对项目发展环境与现状条件的分析，主要从项目区位、相关规划和现状梳理3个维度着手，明确项目的发展基础、限制因素和发展潜力；作为方案形成的前置输入条件，可指导项目发展方向与空间结构等选择。该阶段的核心工作是理清项目开发的边界条件，对政府的发展诉求和项目的投资可能性做出判断。

1 项目区位

1）概念理解

项目区位，是指项目的空间位置（如项目所在的区、县、市、省等），以及项目与重要区域、生产要素和基础设施等之间的空间关系。

2）管控目标

识别项目在区域内的竞合格局和开发优劣势，理清需争取政策或资源倾斜的重点方向。

3）管控要点

重点从行政区划、重要区域、生产要素和基础设施4个方面进行技术管控，应避免出现有表达无分析、有分析无结论的情况。

（1）**行政区划**。应明确项目所属行政区，即项目所适用政策或相关规划对应的各级行政区，这是进行政府行为与政策分析的基础。理清项目所处的行政边界关系，如确定是否具备边境、多地区毗邻等特殊区位条件，以判断项目在商贸、旅游等多边产业方向发展的可行性。

（2）**重要区域**。重要区域包括重要政策区域、重点城市、重点城市周边重要地区、城市核心区 4 类。

重要政策区域主要是指重要战略及特定政策区域，包括国家或项目所在省市所处的重要的经济区、城市群、经济走廊、流域经济带等；由此判断项目可能承载的区域发展责任与关系定位，以及可以依托的政策资源。

重点城市主要是指能够辐射带动项目的中心城市，大体可分为2个类别：一类是直辖市、国内生产总值（GDP）总量超过1万亿元的城市，另一类是计划单列市、省会城市、GDP总量超过3 000亿元的城市；需分析项目与这些城市在地理位置、交通、产业、市场等方面的联系，以明确项目在区域发展中的现状特征、所处位置、发展依托等。

重点城市周边重要地区主要是指重点城市辐射范围内的GDP总量超过1 000亿元的县、区级城市，国家级新区、国家级和省级开发区；应比较项目与这些地区在地理位置、交通、产业、市场等方面对接重点政策区域、重点城市的优劣情况，明确竞合关系。

城市核心区即已有发展基础、生产要素集中的城市核心区域；若项目不处于城市核心区，需判断其所在区域与城市核心区在地理位置、交通、产业等方面联系的紧密程度，以明确项目的发展依托、待完善的发展要素等。

（3）**生产要素**。生产要素包括初级生产要素和高级生产要素，分析的目的在于支撑项目发展相关产业的可行性判断。项目拟发展原材料和劳动密集型产业时，应重点分析初级生产要素，明确项目获取土地、原材料、能源、一般金融资本和普通劳动力等的便捷程度。项目拟发展资金和技术密集型产业时，应重点分析高级生产要素，明确项目获取现代化信息网络、高科技人才以及高等教育与科研院所的知识生产与传播机构等的便捷程度。

（4）**基础设施**。基础设施即区域性重大交通设施。需针对现状及规划的设施，明确项目是否拥有或邻近主要区域性交通站场（详见 3.3 – 8 综合交通的技术指引），与高速公路出入口、国道、省道、快速路、主干路的距离；分析相关设施对重要区域及项目的串联情况、对项目联系重要区域交通时间和距离的影响；重点判断项目当前或未来是否具有联通重要政策区域、重点城市，接受城市核心区辐射带动等的交通优势。

索引号	类别	核心要素	管控建议
（1）	行政区划	所属行政区	非重点管控
		所处行政边界关系	非重点管控

索引号	类别	核心要素	管控建议
(2)	重点区域	重要政策区域	重点管控
		重点城市	非重点管控
		重点城市周边重要地区	重点管控
		城市核心区	非重点管控
(3)	生产要素	初级生产要素	发展原材料和劳动密集型产业时重点管控
		高级生产要素	发展资金和技术密集型产业时重点管控
(4)	基础设施	区域性重大交通设施	重点管控

4）表达形式

以文字结合图纸的形式来表达，主要要求如下。

文字应描述项目所处的行政区划，与重要区域、生产要素、区域性重大交通设施等的主要空间关系，并给出相应的判断结果。

图纸应满足重点突出、信息清晰的要求。

序号	图纸表达要求
A-1	清晰表达项目的范围
A-2	清晰表达项目的各重要区域、生产要素和区域性重大交通设施的位置及名称
A-3	清晰标示项目与各重要区域、生产要素和区域性重大交通设施的距离情况

5）实例说明

◆ 行政区划和重要区域分析

以下是从行政区划和重要区域2个维度对宁波奉化城市转型示范区（中交未来城）项目区位所做出的分析。该案例不仅明确了项目所属的行政区，清晰表达了项目在行政区中所处的位置、与城市核心区的距离，还对项目在区域中的角色认知做出了判断，从而表明项目的区位优势。该案例偏向于概括性分析，若增加项目与重要区域在交通、产业、市场等方面的梳理研究，其分析会更加扎实。

宁波奉化城市转型示范区位于宁波市西南部，奉化市[1]中心城区以北，距离宁波市区18公里，距离奉化中心8公里，同时受宁波及奉化中心城区辐射，区位条件优越。**项目是未来宁波都市经济拓展区的重要节点，是奉化融入宁波都市圈的“桥头堡”**。

◆ 基础设施分析

以下是从基础设施维度对宁波奉化城市转型示范区（中交未来城）项目区位所做出的分析。该案例不仅梳理了项目附近区域性重大交通设施情况，清晰表达了项目与区域性重大交通设施的距离、通达程度，还对项目区域交通条件进行了小结。该案例若增加项目与空港、高速出入口等交通节点的时间距离，其分析会更扎实。

交通区位分析图[2]

[1] 奉化市现为奉化区；该项目概念规划编制时，其尚未撤市改区，是宁波市下辖的一个县级市，本书后文仍有提及，不再一一说明。
[2] 图中黄色标注框所示对应的是本项第4点表达形式的图纸要求。

空港——基地与宁波栎社国际机场联系紧密，距离仅 10 公里。

铁路——奉化高铁站位于基地东南，距离 10 公里，1 小时内通达杭州湾主要城市，铁路资源便利通达。

公路——基地东西两侧分别是甬金高速和甬台温高速，基地 8 公里范围内共有 3 个高速出入口，分别是甬金高速的奉化、鄞江口，甬台温高速的奉化口；基地西侧现有省道 S34，但与基地缺少联系。东环北路是基地连接奉化城区与宁波栎社国际机场、进出基地的唯一通道。

轨道交通——正在建设的宁奉城际轨道交通线将与宁波轨道交通 3 号线形成无缝对接，未来宁奉两地的交通联系将是多元而便捷的。

小结：基地外部区域交通条件良好，尤其可以借助宁波栎社国际机场发展空港经济，激发产业活力；但同时基地与两侧的高速、西侧的省道S34之间缺少必要的东西向交通联系，需要借助宁波绕城高速才能到达。

2 相关规划

1）概念理解

相关规划，是指与项目开发密切相关的，由政府组织编制、对项目有影响的各类现行及在编规划。

2）管控目标

理清规划政策层面的开发建设约束条件（特别是相关规划强制性内容中的刚性限制条件），明确政府发展诉求，识别进行本项目及相关规划调整的规划政策空间。

3）管控要点

重点从国民经济和社会发展规划（纲要及专项）、国土空间总体规划、项目及周边片区控制性详细规划（简称“控规”）、政府已编专项规划4个方面对相关规划进行解读。城市综合开发项目概念规划的编制应注意理清相关规划的批复情况，并重点就以下内容形成结论：概念规划对相关规划特别是上位规划的承接；概念规划与相关规划（特别是国土空间总体规划、项目及周边片区控规）在项目实施中操作层面的矛盾点，以及对相关规划拟做出调整的必要性和可行性分析。

（1）**国民经济和社会发展规划（纲要及专项）**。主要关注发展目标和定位、重点（发展）功能区、产业体系和布局、区域性重大基础设施、重点项目 5 个部分。

发展目标和定位部分，应明确项目所在城市及市辖区的发展目标和定位，分析其对项目定位、功能、产业等发展方向的正负面指引。

重点（发展）功能区部分，需明确项目所在地区重点（发展）功能区的分布情况、各功能区的功能定位及其与项目的空间关系（包含/邻近/远离），判断项目周边重点（发展）功能区对项目的定位、功能、产业等方面的正负面影响，考虑项目可与周边重点（发展）功能区联动或规避发展的方向；若项目处于重点（发展）功能区内，还需明确该功能区对项目定位、功能、产业等发展方向的正负面指引。

产业体系和布局部分，应明确项目所在城市及市辖区的主导产业、重点发展产业、特色产业等，分析项目产业的发展环境、发展基础与发展潜力；明确项目是否处于某类产业的重点发展区域，以及该区域对项目定位、功能、产业等发展方向的正面（如做强产业、延伸产业链）及负面（如限制产业）指引；判断项目周边的各类产业重点发展区域对项目产业发展的正负面影响（如可联动/规避发展的方向等）。

区域性重大基础设施部分，应明确项目范围内需落实的区域性重大基础设施的类型、位置、规模、建设时序，分析其中对项目造成负面影响的设施（如导致用地割裂的铁路、污水处理厂等邻避设施）是否存在避让的可行性；明确项目周边区域性重大基础设施的类型、位置、规模、建设时序，分析项目与相关设施的可接入情况及需要注意避让的污水处理厂等邻避设施。

重点项目部分，应明确项目范围内需落实的重点项目的位置与范围、建设内容与规模、建设时序；明确项目周边重点项目的位置、建设内容与规模、建设时序，判断其与项目的关联关系。

（2）**国土空间总体规划**。主要关注城市定位、城市发展方向、产业布局、功能布局、区域性交通设施、区域性市政公用设施、三条控制线（简称“三线”）7 个部分。

城市定位部分，需明确项目所在城市（或区、镇）的发展定位，分析其对项目定位、功能、产业等发展方向的正负面指引。

城市发展方向部分，应明确城市发展的主次方向及各方向的发展策略（如东进、南拓等）；明确项目与城市主要发展方向的关系，判断项目是否处在城市资源投入的主要地区。

产业布局部分，需明确项目所处的产业板块，以及该板块对项目定位、功能、产业等发展方向的正面（如做强产业、延伸产业链）及负面（如限制产业）指引；判断项目周边的产业板块对项目产业发展的正负面影响（如可联动或规避发展的方向等）。

功能布局部分，应明确项目所处或邻近的功能区；项目定位和功能应与其所处或邻近的功能区的功能相衔接，或是对所处片区功能进行深化。

区域性交通设施部分，应明确项目范围内需落实的区域性交通设施的类型、位置、规模、建设时序，分析其中对项目造成负面影响的设施（如导致用地割裂的快速路）的可避让情况；明确项目周边区域性交通设施的类型、位置、规模、建设时序，分析项目与相关设施的可接入情况。

区域性市政公用设施部分，需明确项目范围内需落实的区域性市政公用设施的类型、位置、规模、建设时序，分析其中对项目造成负面影响的设施（如污水处理厂等邻避设施）的可避让情况；明确项目周边区域性市政基础设施的类型、位置、规模、建设时序，分析项目与相关设施的可接入情况及需注意避让的污水处理厂等邻避设施。

三条控制线部分，应明确生态保护红线、永久基本农田、城镇开发边界“三线”在项目范围内的分布、规模和比例，对项目的约束情况及未来调整的可能性。

（3）**项目及周边片区控规**。主要关注功能定位、空间结构（用地性质）和开发强度 3 个部分。

功能定位部分，需明确项目所处片区或与项目有所交叠片区的功能定位，判断项目在定位、功能、产业等方面适宜的衔接方式（落实/深化/调整）；明确项目周边片区的功能定位，分析其对项目定位、功能、产业等发展方向的正负面指引。

空间结构（用地性质）部分，需明确项目所处片区或与项目有所交叠片区的规划空间结构、用地比例及分布情况；明确项目周边片区的空间结构和用地布局，判断其对项目功能及用地布局的鼓励或限制影响；明确项目所处和邻近片区在控规中允许设置的用地性质（如M0/M9/F2/白地等）及兼容的功能（如B类用地兼容科研功能），为项目用地方案提供参考。

开发强度部分，应明确项目所处片区或与项目有所交叠片区的容积率分布及鼓励或限制情况。

（4）**政府已编专项规划**。主要涉及产业发展规划 / 产业功能区规划、综合交通体系规划、公共服务设施专项 / 布局规划、市政专项规划、绿道规划、绿地系统规划 / 绿线（控制）规划、河涌水系规划 / 蓝线（控制）规划、旅游（发展）总体规划、历史文化名城 / 名镇 / 名村 / 街区保护规划 9 类。

产业发展规划/产业功能区规划重点分析项目所在地特定功能区/重点地区的产业布局；需明确项目所处的产业板块，以及该板块对项目定位、功能、产业等发展方向的正面（如做强产业、延伸产业链）及负面（如限制产业）指引；判断项目周边的产业板块对项目产业发展的正负面影响（如可联动/规避发展的方向等）。

综合交通体系规划重点分析重大交通设施情况，应明确项目范围内需落实的区域性交通设施的类型、位置、规模、建设时序，分析其中对项目造成负面影响的设施（如导致用地割裂的铁路）的可避让情况；明确项目周边区域性交通设施的类型、位置、规模、建设时序，分析项目与相关设施的可接入情况。

公共服务设施专项/布局规划应明确项目范围内需落实的教育、医疗等公共服务设施的类型、位置、规模与用地范围；明确项目周边的区域性公共服务设施的类型、位置和规模，分析项目与相关设施的衔接情况。

市政专项规划涉及供水、污水、电力、燃气、通信、供热等市政设施，应明确项目范围及周边市政公用设施的位置、服务规模及容量、近期建设计划，分析项目与相关设施的可接入情况。

绿道规划主要关注公共开放空间，需明确项目范围内及周边公共开放空间的等级、位置、用地范围及项目需落实或衔接的要求。

绿地系统规划/绿线（控制）规划重点关注公园、防护等绿地管理控制线（绿线）、永久性绿地，应明确绿线在项目内的分布、规模、管控要求、对项目的约束情况及未来调整的可能性。

河涌水系规划/蓝线（控制）规划重点关注河湖、湿地等管理控制线（蓝线），应明确蓝线在项目内的分布、规模、管控要求、对项目的约束情况及未来调整的可能性。

旅游（发展）总体规划主要关注旅游空间布局情况，需明确项目是否处于重点发展的旅游板块之中，以及该板块对项目定位、功能等发展方向的指引；明确项目周边旅游板块的类型与位置，判断其与项目之间的竞合关系。

历史文化名城/名镇/名村/街区保护规划重点关注历史文化保护范围、建设控制地带，应明确历史文化保护区、建设控制地带在项目范围内的位置及范围、保护控制要求和对项目的约束情况。

<table>
<tr><th>索引号</th><th colspan="2">类别</th><th>核心要素</th><th>管控建议</th></tr>
<tr><td rowspan="5">（1）</td><td colspan="2" rowspan="5">国民经济和社会发展规划（纲要及专项）</td><td>发展目标和定位</td><td>重点管控</td></tr>
<tr><td>重点（发展）功能区</td><td>非重点管控</td></tr>
<tr><td>产业体系和布局</td><td>重点管控</td></tr>
<tr><td>区域性重大基础设施</td><td>非重点管控</td></tr>
<tr><td>重点项目</td><td>重点管控</td></tr>
<tr><td rowspan="7">（2）</td><td colspan="2" rowspan="7">国土空间总体规划</td><td>城市定位</td><td>非重点管控</td></tr>
<tr><td>城市发展方向</td><td>有该项内容时重点管控</td></tr>
<tr><td>产业布局</td><td>非重点管控</td></tr>
<tr><td>功能布局</td><td>重点管控</td></tr>
<tr><td>区域性交通设施</td><td>重点管控</td></tr>
<tr><td>区域性市政公用设施</td><td>非重点管控</td></tr>
<tr><td>三条控制线</td><td>重点管控</td></tr>
<tr><td rowspan="3">（3）</td><td colspan="2" rowspan="3">项目及周边片区控规</td><td>功能定位</td><td>非重点管控</td></tr>
<tr><td>空间结构（用地性质）</td><td>重点管控</td></tr>
<tr><td>开发强度</td><td>重点管控</td></tr>
<tr><td rowspan="6">（4）</td><td rowspan="6">政府已编专项规划</td><td>产业发展规划/产业功能区规划</td><td>特定功能区/重点地区的产业布局</td><td>非重点管控</td></tr>
<tr><td>综合交通体系规划</td><td>重大交通设施</td><td>有该项内容时重点管控</td></tr>
<tr><td>公共服务设施专项/布局规划</td><td>教育、医疗等公共服务设施</td><td>有该项内容时重点管控</td></tr>
<tr><td>市政专项规划</td><td>供水、污水、电力、燃气、通信、供热等市政设施</td><td>有该项内容时重点管控</td></tr>
<tr><td>绿道规划</td><td>公共开放空间</td><td>非重点管控</td></tr>
<tr><td>绿地系统规划/绿线（控制）规划</td><td>绿地管理控制线（绿线）、永久性绿地</td><td>有该项内容时重点管控</td></tr>
</table>

续表

索引号	类别		核心要素	管控建议
（4）	政府已编专项规划	河涌水系规划/蓝线（控制）规划	河湖、湿地等管理控制线	有该项内容时重点管控
		旅游（发展）总体规划	旅游空间布局	非重点管控
		历史文化名城/名镇/名村/街区保护规划	历史文化保护范围、建设控制地带	有该项内容时重点管控

Tips 1

“三线”、绿线、蓝线、历史文化保护范围、建设控制地带等属于规划强制性内容，具有法定强制力，原则上不得擅自违背和变更，涉及调整时必须经过法定程序，因此需要重点关注其是否对项目造成限制。

Tips 2

国土空间总体规划的核心要素中，城市定位、城市发展方向、功能布局、区域性交通设施、区域性市政公用设施原属于城市总体规划的内容；“三线”中城镇开发边界、永久基本农田原属于土地利用总体规划（国土规划）的内容；生态保护红线原属于生态保护红线规划/划定方案的内容。

4）表达形式

以文字结合图纸的形式来表达，主要要求如下。

文字应提炼相关规划的文本要点，并总结其对项目发展的影响。

图纸应标注项目所在位置或突出展示项目范围的规划情况，底图可直接引用规划原始图纸。

5）实例说明

◆ 规划解读

以下是临沂东部新城项目中对规划文件《临沂市城市空间发展战略研究》的解读。解读主要包括3个部分，其一是发展愿景，摘录规划中对临沂市发展愿景的表述，明确项目所在城市的区域定位、城市职能和作用；其二是发展指引，结合图示明确项目与重点功能区经济技术开发区的空间关系，摘录规划对经济技术开发区发展策略的表述，分析项目所在重点功能区在定位、功能、产业、风貌等发展方向的指引；其三是城市拓展，分析项目与城市空间拓展方向的关系，总结规划对城市拓展方向及功能区的表述，体现项目有机会与城市重点建设的空间载体所产生的关联。该案例所解读的规划为宏观层面规划，案例以摘录提炼规划原文为主，偏于概括；若能增加该规划对项目的定位、功能、产业等方面的正负面影响判断，解读将更为清晰。

■ **发展愿景：淮河生态经济带重要的区域中心城市**

通过升级临沂在商贸物流、休闲旅游等已有优势方面的特色化专业职能，力争发展到具备国际影响力的水平，从而升级临沂在国内国际层面承担的战略作用，发挥对主要职能联系区域的辐射带动作用；同时全面提升临沂在经济组织、社会服务、城市建设等方面的综合实力，增强城市的综合竞争力。

■ **发展指引**

项目基地位于临沂市经济技术开发区组团，未来经济技术开发区将依托综合保税区、联合商城，对接青岛，争取自由贸易区政策；对接无污染临港产业，推进产业集群发展，打造滨水宜居社区。

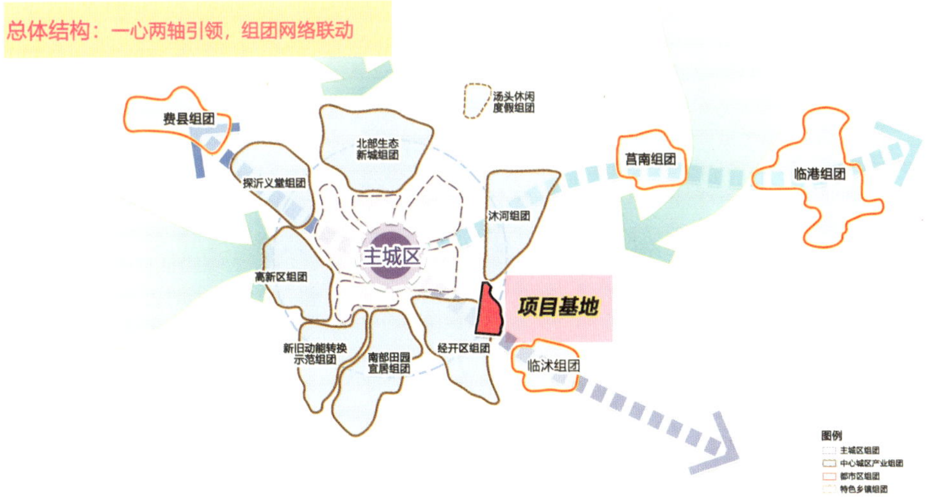

临沂都市区总体空间结构图

■ 城市拓展

项目基地位于临沂市东侧，未来临沂向东将构建都市区一体化发展走廊与城镇连绵带，促进从沂河时代走向沂沭时代。以中心城功能外溢为动力重点拓展河东组团建设，围绕机场布局临空门户功能，依托经济技术开发区集聚高端制造产业。

◆ 上位规划

以下内容摘自宁波奉化城市转型示范区（中交未来城）项目解读，是对《奉化市土地利用总体规划（2006—2020年）》（2014调整完善版）这一重要上位规划的解读。解读分为两个层级，一是对整个规划范围的土地利用类型进行分析，点出可能对项目造成影响的基本农田占用情况；二是对第一个三年开发计划的用地规模和基本农田情况做出分析，并对尚未有明确开发计划的区域结合表格分地块按照土地利用分类进行统计，较为清晰地展示了上位规划对项目的影响。

规划范围内城镇村建设用地面积为5.9平方公里，基本农田面积为7.03平方公里，一般农田面积为2.48平方公里，水域面积为0.67平方公里。其中，基本农田如经批准建设占用，需按照“耕地占补平衡”原则，补充数量和质量相当的耕地。

中交未来城第一个三年开发计划用地约300公顷，位于片区中部，未占用基本农田。轨道交通公司占地面积为93公顷，占总用地面积的5.6%。

分地块土地利用情况统计表

序号	总面积（公顷）	基本农田面积（公顷）	一般农田面积（公顷）	城乡建设用地面积（公顷）	水域面积（公顷）
①	450.10	404.37	8.38	26.33	11.02
②	369.00	118.90	204.15	41.68	4.27
③	241.85	117.95	17.37	46.09	60.44
④	159.93	53.94	15.85	84.04	6.10
共计	1 220.88	695.16	245.75	198.14	81.83

3 现状梳理

1）概念理解

现状梳理，是指对项目范围内及周边关系密切地区的工程条件、（自然及社会）资源禀赋、开发建设等现状情况进行分析，总结项目关键特征，提取对规划具有突出影响的关键要素。

2）管控目标

识别项目现状既有的价值性因素，明确推动项目土地价值提升的潜力点；识别限制性因素，评估影响投资回报的敏感程度及应对解决的难易程度。

3）管控要点

重点从工程条件、资源禀赋、开发建设3个方面进行梳理，最终应形成特征显著、言简意赅的结论，总结维度包括：①评价项目及周边关系密切地区的资源环境禀赋，可对比区域平均情况，评估其在国际或国内的知名度，明确资源环境禀赋的优势或短板；②识别现状问题和风险，重点识别可能对项目开发造成负面影响的要素，包括其分布和规模；③对项目的现状条件进行综合性评价，判断项目内各地块发展潜力和开发难度，以指导功能布局方案设计、近远期开发等。综合性评价可考虑借助开发适宜性评价这一手段，明确项目用地是否适宜某种用途，以及相应的适宜程度。

（1）**工程条件**。主要关注地形地貌、水文条件、工程地质、生态限制4类。

地形地貌上，应分析项目范围内坡度、坡向、高程的特点，判断开发建设适宜程度，评估利用或改造地形的可能性。各类功能用地适宜的坡度可参考《城乡建设用地竖向规划规范》（CJJ 83—2016）。同时分析项目所在区域的地形地貌，判断是否存在喀斯特、丹霞、盆地等可作为特色景观资源的特殊地貌及其开发的难易程度。

水文条件上，应明确项目所在区域的旱涝规律及洪水位线，明确项目内部及周边蓄滞洪区或易受洪水淹没区的分布、规模及其对项目开发的限制及景观化利用的可行性，明确地面及地下水体的存在形式、流向及其对项目用地布局的影响（如上游不适合布局污染型项目）。

工程地质上，应明确项目范围内是否存在地震断裂带、冲沟、采空区、岩溶、滑坡、崩塌等地质问题和潜在地质灾害，判断其分布和强度对项目产生的负面影响。

生态限制上，需对项目范围内用地做出生态敏感性评价，明确生态脆弱地区和生态保护价值重要地区。评价适宜以上位规划的生态敏感性或生态保护重要性评价结果为依据。

（2）**资源禀赋**。主要包括水资源、矿产资源、生物资源和人文资源4类。

水资源方面，需分析项目是否拥有或邻近江河、湖泊、湿地、海湾等大型水体，明确其分布、水质和景观价值，判断水体本身及周边地区的开发利用潜力；明确项目是否处于水源保护区或湿地保护区之内，以及保护区对项目开发的限制；明确项目范围内是否存在温泉水资源及其分布、可开发利用潜力。

矿产资源方面，需明确项目范围内是否存在矿产富集或开采区，以及其分布情况、可开发利用潜力。

生物资源方面，应明确项目范围内是否存在自然保护区或森林公园等生态资源，以及其分布情况、保护要求及可开发利用潜力。

人文资源方面，需明确项目所在地区的历史街区、工业遗产、文化景观、民族民俗文化等情况，判断其开发利用价值。

（3）**开发建设**。主要关注用地现状、供地情况、产业情况、交通设施、公共服务设施、市政公用设施6类情况。

用地现状应参考《城市用地分类与规划建设用地标准》（GB 50137—2011）的用地分类，分析项目范围内城乡用地、城市建设用地的现状规模、空间分布，明确需考虑拆迁的用地范围及规模，结合拆迁可能性、动迁代价等评估现状用途的保留必要性和调整可能性。

供地情况应分析项目范围内未纳入年度储备计划、拟收储、已收储未供应、已供应土地的规模和分布，明确可出让或规划可调用地规模及布局。

产业情况需明确项目范围内及周边现有产业园区、经济开发区、物流园区的产业类型（含污染情况）、规模及与项目的空间关系，判断项目可借力或不宜发展的产业类型及其布局，提出相关产业配套功能及设施的完善指引。

交通设施分析应明确项目与主要区域性交通站场（详见3.3 – 8综合交通的技术指引）的交通联系，项目与其范围内及周边的高速公路及高速公路出入口、国道省道、城市干线道路的空间关系和交通联系，判断项目对外交通的便捷程度；明确项目范围内的道路等级、分布及建设情况，判断道路网的完善程度和可调整空间，为道路的增加（或升级、调整）提供参考。分析不仅针对已有及在建的交通设施，还应对尚未建设但已立项或确定建设时序的重大交通设施进行研究，确定其对项目产生的影响。

公共服务设施分析需明确项目与区域性公共服务设施的空间关系及交通联系，以指导用地布局及综合交通规划；主要包括教育科研（高等院校、科研机构），文体活动（图书馆、博物馆、会展中心、体育馆等），医疗卫生机构（大型综合医院、急救康复中心等），行政办公（党政机关、事业单位、社会团体等）等设施。明确项目范围内及周边已建及在建公共服务设施的类型、规模、等级及层级的完善程度，为相关设施的增加（或升级、调整）提供参考。

市政公用设施分析应注意明确项目范围内及周边高压线、输油管等线状基础设施廊道的分布和等级，以及对项目开发产生的负面影响；明确项目范围内及周边水、电、气、通信等点状市政公用设施的分布、等级和规模，判断相关是否可衔接拉通或需扩容调整；明确项目与火电厂或核电站、污水处理厂、垃圾处理中心或填埋场等邻避设施的空间关系，以及其对项目开发产生的负面影响。

索引号	类别	核心要素	管控建议
（1）	工程条件	地形地貌	重点管控
		水文条件	项目所在区域涉水时重点管控
		工程地质	项目处于地质灾害区时重点管控
		生态限制	非重点管控
（2）	资源禀赋	水资源	重点管控
		矿产资源	非重点管控
		生物资源	重点管控
		人文资源	非重点管控
（3）	开发建设	用地现状	重点管控
		供地情况	重点管控
		产业情况	非重点管控
		交通设施	重点管控
		公共服务设施	非重点管控
		市政公用设施	重点管控

Tips

核心要素间存在相互联系和制约，例如地形地貌、工程地质和水文气象之间存在联系，地形平坦的地段往往容易被掩埋且地基承载力较差；同一核心要素也可能对项目同时产生正面和负面影响，例如多条过境道路可能为项目带来便捷的交通条件，也可能对项目用地造成切割，因此在现状梳理时应当全面比较分析。

4）表达形式

现状梳理的表达形式较灵活，应根据项目实际情况而定。通常以描述及评价性文字结合图纸或图表的形式分类分项表达；若分析要素较少，则可多类合并或多项整合表达。主要要求如下。

（1）**工程条件**。图纸应清晰表达核心要素的特征，重点突出，形式不限。文字重点表述项目的可利用要素、开发限制和风险。表格不作要求。

（2）**资源禀赋**。图纸应清晰表达核心要素，重点突出，形式不限，可绘制形成资源分布分析图。文字重点表述项目所拥有的资源种类、特性、开发利用情况及相关资源在区域中所处地位的判断。表格不作要求。

（3）**开发建设**。根据核心要素差异，表达要点各有不同。除用地现状外，其他要素均对表格不作要求。

用地现状。图纸应清晰表达各类用地的范围及分布情况，表达要素及图面用色参照3.3－4用地方案的图纸表达要求。文字应明确现状城镇建设用地（及其下各类用地）、村庄建设用地、农林用地等用地规模和比重，总结分布特点，评估现状用途的保留必要性和调整可能性。同时形成土地利用现状汇总表；资料翔实时，应满足3.3－4用地方案的表格要求。

供地情况。图纸应清晰表达各类土地的位置和边界、已确定项目的名称。文字应明确可出让或规划可调整的用地规模和位置。

产业情况。图纸应清晰表达现有各产业园区及产业项目的位置和用地范围。文字应明确现有产业园区及产业项目的名称、规模和主导产业类型，评价项目现状产业发展格局。

交通设施。对外交通方面，图纸应清晰表达各类交通站场及线路、对外道路、高速出入口的位置，并标明交通线路的走向（通往的城市或地区）；

文字应精练描述已建、在建、已立项及确定建设时序的对外交通设施情况，评价其对项目对外交通便捷程度的影响。内部交通方面，图纸应清晰地表达项目范围内的道路位置、等级及建设情况（包括已建、在建、已立项的项目）；文字应描述现状路网结构特征、各主要道路的等级和红线宽度、轨道线的数量和走线等，判断项目内部交通的通行能力及存在问题。

公共服务设施。图纸应清晰表达各项设施的类型、等级及位置。文字应描述各类设施的规模、数量及层级情况，评价项目内及周边设施的完善程度和服务能力。

市政公用设施。图纸应清晰地表达各项设施（含主干管线）的位置、规模、相应的用地范围，各项设施标示方式参见3.3 – 12市政公用设施的技术指引。文字应描述各类设施的空间分布特征、数量、容量及处理（或敷设）形式，评价现有设施的服务能力，明确相关设施对项目的影响。

5）**实例说明**

这里仅对用地现状、交通设施、市政公用设施等常见且容易遗漏分析的方面做出举例。

◆ **用地现状分析**

以下为宁波奉化城市转型示范区（中交未来城）项目对用地现状及现状村庄调整可能性的分析。该案例首先分析了项目范围内建设用地与非建设用地的现状规模、分布特点，结合现状图与现状用地汇总表展现了各类用地的范围、分布情况、用地规模和比重；其次分析了项目范围内村庄数量、人口规模、分布特点，重点对具备历史保护价值、处于生态保护带或农林用地的村庄进行了分析，评估现状村庄的保留必要性和调整可能性，分析表达清晰明了。

■ **土地使用现状**

规划范围内现状建设用地约 502.59 公顷，非建设用地约 1 184.84 公顷。现状非建设用地以农林用地与水域为主。现状建设用地以工业用地、村庄建设用地为主；工业用地以二类工业用地为主，沿汇诚中路相对集中分布；村庄建设用地较为分散。

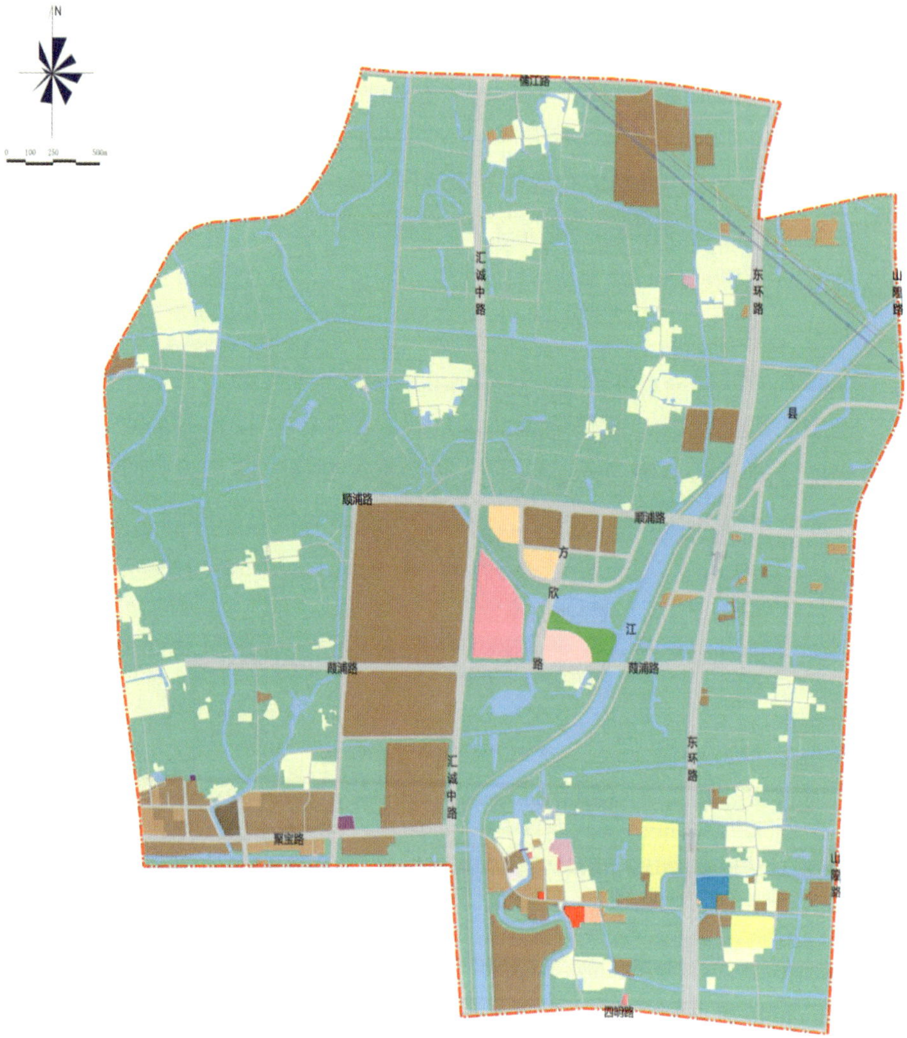

图例

- 二类居住用地
- 商住用地
- 文化设施用地
- 中小学用地
- 科研用地
- 医疗卫生用地
- 社会福利用地
- 文物古迹用地
- 宗教用地
- 商业用地
- 加油加气站用地
- 一类工业用地
- 二类工业用地
- 三类工业用地
- 城市道路用地
- 供电用地
- 公园绿地
- 村庄建设用地
- 水域
- 农林用地
- 在建轨道站点及轨道线路
- 道路
- 现状 110kV 电力架线
- 现状 220kV 电力架线
- 现状 500kV 电力架线
- 规划范围

土地使用现状图

城乡用地现状汇总表

用地代码			用地名称	用地面积（公顷）	占城市建设用地比例（%）
R	R2		二类居住用地	9.55	2.43
			商住用地	5.15	1.31
			居住用地	14.70	3.74
A	A2		文化设施用地	3.73	0.95
	A3	A33	中小学用地	1.72	0.44
		A35	科研用地	11.77	2.99
			教育科研用地	13.49	3.43
	A5		医疗卫生用地	0.25	0.06
	A6		社会福利用地	0.60	0.15
	A7		文物古迹用地	0.13	0.03
	A9		宗教用地	0.39	0.10
			公共管理与公共服务设施用地	18.59	4.72
B	B1		商业用地	1.03	0.26
	B4	B41	加油加气站用地	0.76	0.19
			公用设施营业网点用地	0.76	0.19
			商业服务业设施用地	1.79	0.45
M	M1		一类工业用地	19.22	4.88
	M2		二类工业用地	164.43	41.80
	M3		三类工业用地	1.80	0.46
			工业用地	185.45	47.14
S	S1		城市道路用地	166.86	42.42
			道路与交通设施用地	166.86	42.42
U	U1	U12	供电用地	2.34	0.60
			供应设施用地	2.34	0.60
			公用设施用地	2.34	0.60
G	G1		公园绿地	3.65	0.93
			绿地与广场用地	3.65	0.93
H	H1	H11	城市建设用地	393.38	100.00
		H12	村庄建设用地	109.21	—
			城乡居民点建设用地	502.59	—
			建设用地	502.59	—
E	E1		水域	117.12	—
	E2		农林用地	1067.72	—
			非建设用地	1184.84	—
城乡用地				1687.43	—

■ **现状村庄情况**

规划区属于奉化市江口街道与方桥街道，基地内涉及竺家村、前江村、后江村、南渡村等15个行政村。村庄现状总户数为4 464户，总人口为12 019人，村庄现状建设用地面积为97.9公顷。

南浦村、竺家村具有重要历史价值，有待保护。南浦村、竺家村位于基地的南、北两端，现存的道路街巷和村庄风貌具有传统风貌特色，完整度较高，保护意义较大。村落内共有2处文物保护单位，其中广济桥为省级文物保护单位，万元塔为区级文物保护单位，并有琎琳六庙、张氏宗祠等若干处传统建筑。

7个村庄处于规划的生态保护带或农林用地中。其中，盛家村、庄家村、竺家村这三个村庄位于宁波的环城绿带中；环城绿带具有锚固市域空间结构，协调生产、生活与生态空间的关系，限制城镇空间连绵发展的作用。新桥下村、前江村、新塔村位于《宁波市奉化区总体规划（2005—2020）》（2016年修改）中规划的农林用地里。

现状村庄用地布局图

现状村庄用地汇总表

序号	村庄名称	村庄现状户数（户）	村庄现状人口（人）	村庄现状建设用地（公顷）	拆迁情况
1	庄家村	263	680	6.72	未拆迁
2	竺家村	436	1 148	7.72	未拆迁
3	前江村	353	949	7.29	未拆迁
4	南浦村	400	965	12.94	未拆迁
5	新塔村	320	944	10.67	未拆迁
6	盛家村	214（范围内）	750（范围内）	2.12（范围内）	未拆迁
7	后江村	320	800	6.75	未拆迁
8	姜奔村	243	631	3.55	未拆迁
9	庄家畈村	152	412	3.69	未拆迁
10	后横村	445	1 082	12.68	未拆迁
11	前横村	250	620	1.72	未拆迁
12	新桥下村	437	1 154	10.29	未拆迁
13	上下张村	336	848	8.69	未拆迁
14	蒋葭浦村	217（范围内）	760（范围内）	2.12（范围内）	未拆迁
15	郭范村	78（范围内）	276（范围内）	0.95（范围内）	未拆迁
总计	—	4 464	12 019	97.9	—

◆ 交通设施分析

以下为对三水西南水韵职教小镇项目的对外交通和内部交通2个维度的分析。对外交通方面，案例明确了项目与城市、主要区域性交通站场的交通联系，分析了项目对外交通的便捷程度，并对规划的重大交通设施进行了分析，判断其对项目产生的影响。内部交通方面，案例明确了项目范围内的道路等级及建设情况，分析了道路网的完善程度。该案例的表达逻辑整体为“总－分”结构，结论先行，观点明确。

■ 基地现对外交通便利

基地可通过国道G324、省道S269便捷地与三水市中心城区联系；可通过广昆高速到达广州等珠三角城市；距离三水高铁南站以及高速路下线口仅1公里左右；此外规划的有轨电车和地铁12号线从基地东侧穿过，使得基地的对外交通优势更为明显。

■ 内部道路系统不完善

县道 X523 是基地目前联系东西两片区的主要道路，现状道路宽度仅 10 米，通行能力较弱。其他道路主要为村道、机耕路，路面窄且多为断头路，大部分为土路，通行能力差。

◆ 市政公用设施分析

以下为三水西南水韵职教小镇项目对引水廊道、高压走廊等现状市政设施做出的分析。该案例分析了引水工程、高压工程走廊的等级、分布、敷设方式，以及对项目开发的负面影响情况。表达形式清晰直观。

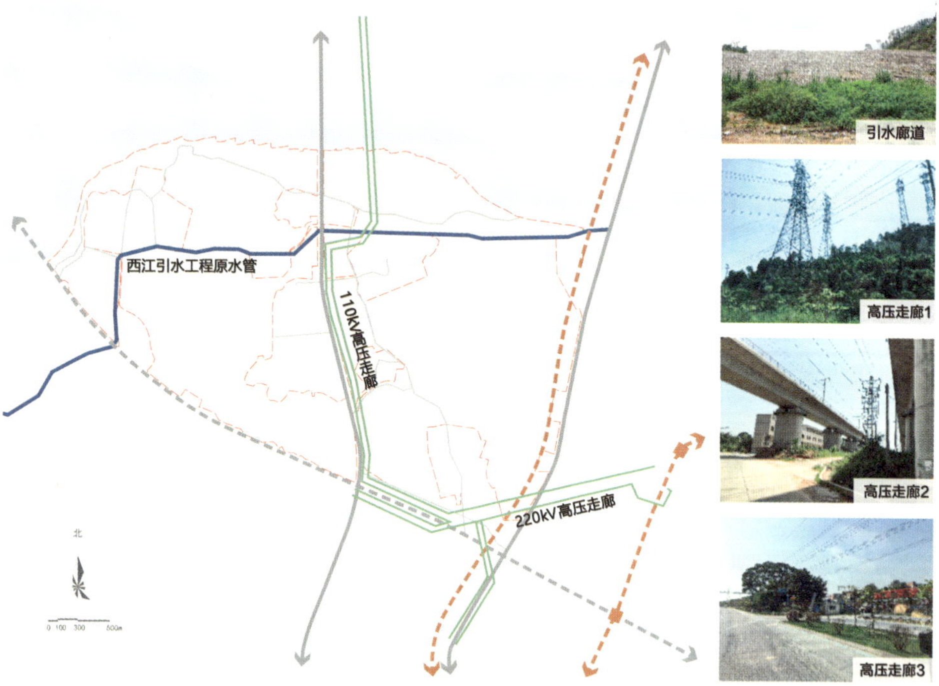

市政公用设施分析图

■ 西江引水工程东西横穿基地

西江引水工程二桥以西段主要为地下埋设，二桥以东段主要为地面段。项目布局中需避免与其保护范围产生冲突。

■ 高压走廊自基地东南侧南北贯穿基地

基地内现有高压走廊 3 处：220kV 恒益电厂 - 洲边线路（双回路）从基

地东南侧穿越；110kV 洲边－河口线路（双回路）沿贵广高铁北侧、S269 东侧穿越基地；220kV 恒益电厂－三水线路（双回路）沿 S269 西侧穿越基地。项目布局中应充分考虑现状高压走廊带来的空间隔离和景观负面影响。

◆ 限制性要素分析

以下为三水西南水韵职教小镇项目对防洪、水源等重要限制性要素做出的分析。该案例分析了防洪堤堤围和水源保护区的保护范围、等级、分布，以及对项目开发的影响情况。表达逻辑突出分析结论，表达形式较为清晰直观。

防洪堤堤围及水源保护区内禁止建设，其中：

防洪堤堤围保护范围：樵桑联围属于 50 年一遇堤防，堤围保护范围从堤脚起每侧 50 米；翠坑围的防洪标准为 10 年一遇，堤围保护范围从堤脚起每侧 30 米；翠坑外海围属于 5 年一遇堤防，堤围保护范围从堤脚起每侧 30 米。

水源保护区：基地内翠坑围以北区域为石塘水厂水源保护区，西部部分用地位于金本水厂二级饮用水源保护区内。

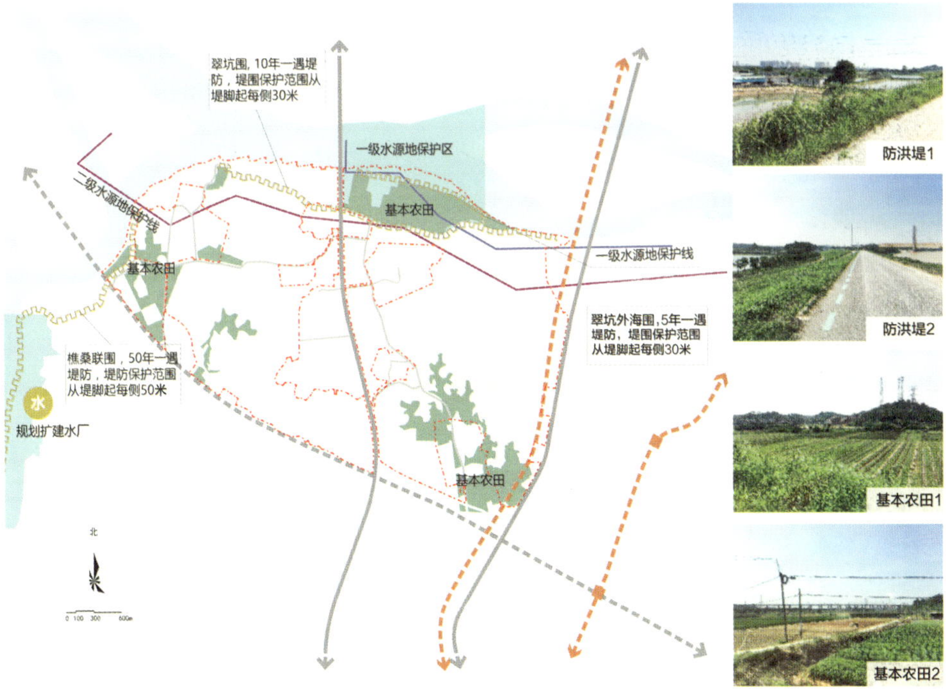

现状限制性要素分析图

3.3 统筹优化资源配置

对项目资源配置的统筹优化，主要体现在项目愿景定位和项目空间结构2个方面。项目愿景定位是基于前置输入条件的发展目标转化，指导项目空间布局规划方案的形成。项目空间布局规划方案的形成需充分融入城市综合开发项目的投资逻辑，从整体统筹的角度思考空间结构、重点项目、用地方案、开发强度和人口规模五大议题，从品质提升的角度细化绿地水系、综合交通、居住用地、产业用地、公共服务设施、市政公用设施等各类专项要素，才能更有效地推动项目开发。该阶段的核心工作是借助概念规划方案协调地方政府与投资机构的发展诉求。

1 愿景定位

1）概念理解

愿景，是指项目未来预期实现的发展场景，表现项目长期的价值追求和理想状态。定位，是指项目在不同区域层级中所发挥的作用和职能。

2）管控目标

对项目形成既契合政府诉求、有一定高度，又极具实操可行性的远景描绘和区域分工。

3）管控要点

项目所提的愿景和定位不能相互替代。

愿景应特别注重表达是感性的，言简意赅，朗朗上口。

定位的提出，应特别注重衔接（落实或深化）上位规划要求，避免发生冲突；注重与邻近项目存在的差异与比较优势；同时符合项目资源禀赋，符合时代发展趋势。表达上应理性陈述，全面、准确、精练；内容包括项目所处的区域层次，以及项目所承载的主要城市职能（如体制创新先行区、高端服务区等）。

愿景与定位均可选用实景图或本项目的效果图表达项目的未来意向图景。

4）表达形式

以文字为主，配合意向图的形式来表达，主要要求如下。

文字分为重点语句和解释性语句。重点语句即项目的愿景、定位，应突出表达；解释性语句是对重点语句内涵的阐述，不强制要求，宜以较小的常规字体平淡表达。

意向图为实景图或本项目效果图，应满足像素高、意境高端、情景贴合的要求。

5）实例说明

◆ 愿景

以下是三水西南水韵职教小镇项目的愿景。该案例言简意赅地描绘了项目长期的价值追求和理想状态，提出的“广府水乡职教小镇”简明扼要、朗朗上口，有效突出了项目所在区域“广府水乡”的资源特点，清晰表达了项目“职教小镇”的核心要素。该案例若措辞增加文艺气息，表达更加优美，其表达效果会更加好。

三水西南水韵职教小镇项目愿景

◆ 定位

以下是永清新城项目的规划定位。该案例分3个层次提出了项目未来的定位，并通过字体大小的变化表达主次，从而全面、准确、精练地表达了项目在不同区域层级中所发挥的作用和承担的职能。该案例意向图若更换为视野范围更大并更能充分反映定位形象的图片，其表达效果会更加好。

永清新城项目定位

2 空间结构

1）概念理解

空间结构，是指生产、生活、生态等主要要素在项目范围内的分布和连接状态，是项目功能体系、产业结构在空间上的投影。

2）管控目标

形成自成系统、资金投放节奏与功能关系合理、重点开发区域明确的空间框架。

3）管控要点

重点从空间结构模式、空间组合方式、功能组团布局3个方面进行技术管控。

（1）**空间结构模式**。应采用组团式开发模式，每个组团均为自成系统的开发单元，功能相对独立完备。组团划分应与物理空间特征（如自然条件的阻隔、资源禀赋的分布、区域性基础设施的分割等）、城市生长规律（如资源投入的周期性、产城关系的互动等）、项目分期策略（详见3.4 – 1分期策略的技术要求）相匹配。同时，组团职能应与相关规划相匹配，需结合当地现行/在编上位规划的功能布局，核对项目战略规划和产业规划所确定职能/功能的合理性，并落实相应的职能/功能；置入支持前述职能/功能发展和符合概念规划愿景定位的职能（如定位为高新技术空间宜置入人工智能、大数据等产业组团，定位为生态示范区宜置入生态社区、绿色办公区等组团）。

（2）**空间组合方式**。可分为均衡式和强核式两种组合方式。

项目紧邻区域性综合服务中心/老城中心，或项目总用地规模较小时，优先选择均衡式。该方式下，各组团应职能各异，各具特色。各组团内应设置与其职能相符的服务节点，节点之间没有显著的主次之分，如：综合性组团（生产、生活、生态功能兼具）内设置综合服务节点；生产性组团（以商业商务/科研教育/工业/仓储物流功能为主）内设置产业服务节点；生活性组团（以居住功能为主）内设置居住服务节点；生态性组团（以绿地水系为主）内设置游憩服务节点，但仅具有生态或防护功能时可不设置。各组团间应结合交通干线设置轴线强化联系。该方式下的重点项目、用地方案应形成相对均质的空间分布状态。

项目远离区域性综合服务中心/老城中心，或项目总用地规模较大时，优先选择强核式。该方式下，项目的主要功能应集聚在一起形成强而有力带动人口聚集、产业导入的核心组团（核心节点），其他组团的功能相对单一。远离核心节点的组团内应设置次一级的服务节点。各项轴线应从核心节点向外辐射，联系次一级服务节点，以提升核心节点的影响力；轴线类型主要有商业轴线（如商业步行街等），交通轴线（如交通干线、水上航线等），生态轴线（如河道、绿廊、滨海/滨海界面等），文化轴线（如古步道、工业遗址、古城界面等）。该方式下的重点项目、用地方案应呈现出各项功能围绕核心节点圈层布置的状态。

空间组合方式的选择还宜综合考虑政府诉求，如：更强调多主题开发的，宜选择均衡式；更强调核心形象打造的，宜选择强核式。

（3）**功能组团布局**。重点关注组团选址和组团间的外部关系。

组团选址应符合区位特征、资源禀赋、工程条件等现状条件，如：将形象展示、外向型产业、仓储物流等功能组团布置于对外交通便捷处（邻近高速公路出入口、快速路等）；将文旅产业等功能组团布置于人文资源集中或人文气息密集处；将高强度开发的功能组团布置于地质条件较好处。

组团间应形成良好的外部关系，包括：避免将污染型生产性组团（M2/

M3/W2/W3）布置于生活性、生态性组团的相邻位置或上风上水位置；非污染型生产性组团（B/M0/M1/W1）和生活性组团应尽可能靠近，促进产城融合。

4）技术指引

均衡式与强核式在生长方式、资源投入、骨干路网和用地布局等方面各具特点。

均衡式最关键的特征是溢价空间广阔，开发弹性较大。从生长方式来看，各组团可根据自身发展条件的成熟程度各自相对独立发展，并没有必然的先后关系；项目整体效率较高。从资源投入的角度来看，资源要素依据组团职能做出相应的投入，各组团的投入相对均质分布。骨干路网方面，组团间主要通过较为便捷的骨干道路联系成为一个实体。用地布局上，依据组团职能，在组团内连片布局支撑该职能发展的功能用地且该类用地占组团内用地面积过半，配套服务功能在各组团节点集聚。

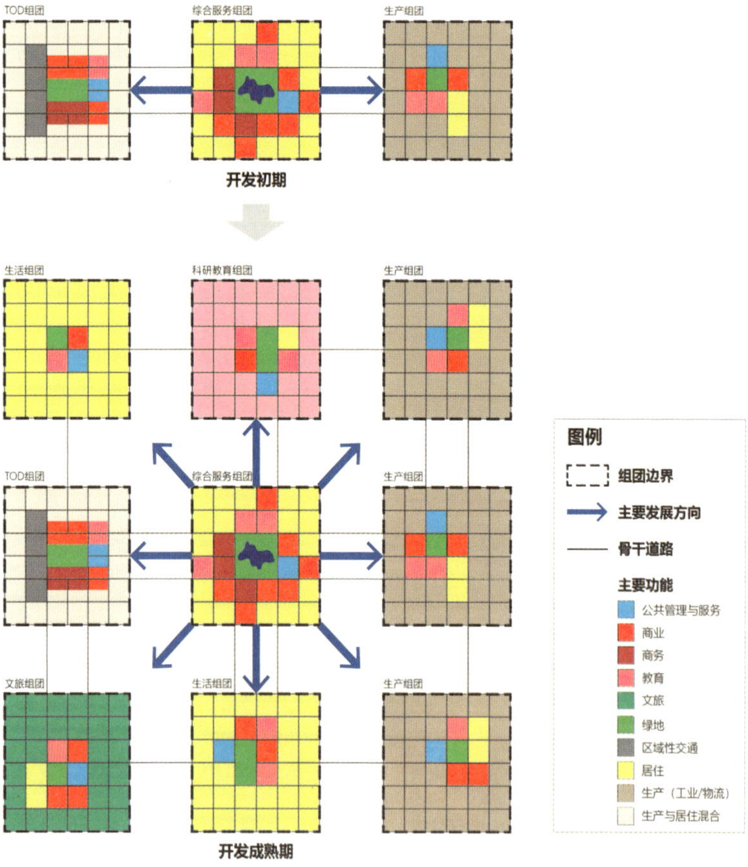

强核式最关键的特征是资金投入集约、回笼较快，项目快速出形象。从生长方式中来看，该方式主要依托规模较大、功能高度复合的核心节点来发展，投资规模扩大对经济发展、市场扩大等正面效应显著；逐步沿交通干线在核心节点周围一定距离内，向外发展出若干个次级服务节点，服务各组团。资源投入上，通过资源要素的集中投入打造新城级综合强核心，辐射带动整个项目发展。骨干路网方面，用地范围长轴距离较短（一般为3公里以内）的项目，通常采用较规整的格网状道路网，便于有效利用土地；长轴距离较长的项目，则通常采用“放射+外环”道路网，便于组织多向交通流，减少过境交通流。用地布局上，公共管理与服务、商业商务、教育、区域性交通等多项主要功能在核心节点（组团）复合集聚，其他各项功能依赖并围绕核心组团圈层布局。

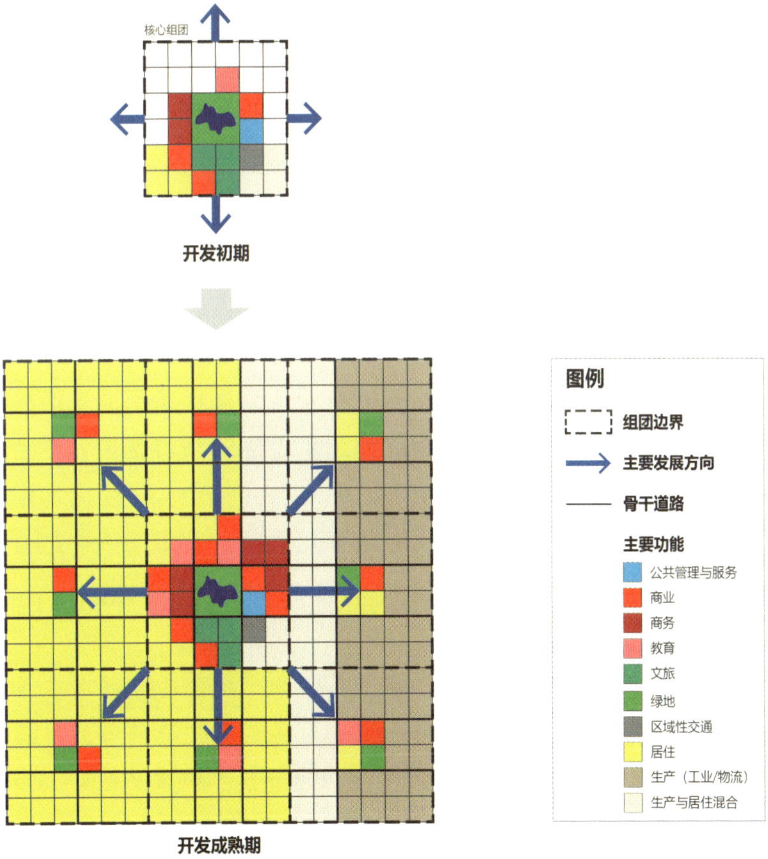

5）表达形式

结合概述性文字以图纸形式表达，主要要求如下。

类别	图纸表达		文字表述
组团	A-1	突出并清晰表达各组团的范围	明确组团的数量及相互间的主次关系（如有主次之分）； 明确各类组团内部的功能构成
	A-2	明确各组团的职能	
	A-3	组团间存在主次关系时应区分表达	
节点	B-1	明确各节点在其所在组团内的位置	明确节点（心/核/点）的数量及相应的等级
	B-2	区分表达各节点的等级（如有主次之分）和类型	
轴线	C-1	明确各轴线与各组团、各节点之间的空间关系	明确轴/带的数量及相应的类型
	C-2	区分表达各轴线的等级（如有主次之分）和类型	
环境	D	底图清晰展现项目范围内及周边的物理空间特征	明确空间结构方案形成的考虑因素及其构建思路

6）实例说明

◆ 均衡式空间组合方式

以下是成都医学城A区综合开发项目的规划空间结构，这一空间结构是较为典型的均衡式空间组合方式。该项目位于成都市温江区，紧邻区级服务中心。该案例主要以铁路、城市干道和金马河为界，将项目划分为五大组团，各组团的规模相对均衡、功能较为综合（均配置了居住、产业、公共服务、商业等功能）且自成系统；各组团职能基于《成都健康产业功能区规划》的要求，围绕现代医药制造高地、智能制造示范区的项目定位，结合现状发展条件而提出，各组团主导方向一致的同时也各具特色；组团内均配置了产业服务中心，组团间主要依托城市快速路强化联系。若案例强化结合分期策略进行思考，其规划落地性得到提升。

规划依托药明康德集聚生物药制造类企业，结合永盛现有中医药基础布局现代中药产业，依托腾退工业用地重点发展创新化学药、医疗器械产业，以医疗4.0实践区和生物技术实践区为主体功能区，构建“五区、五心、两轴”的功能结构。

五区：主要为创新中药社区、创新化学药社区、医疗器械社区、生物药社区和生物疗法社区。

五心：在五区内分别设置相应的产业服务中心。

两轴：依托新华大道-温泉大道、锦绣大道形成城市发展轴（交通联系轴）。

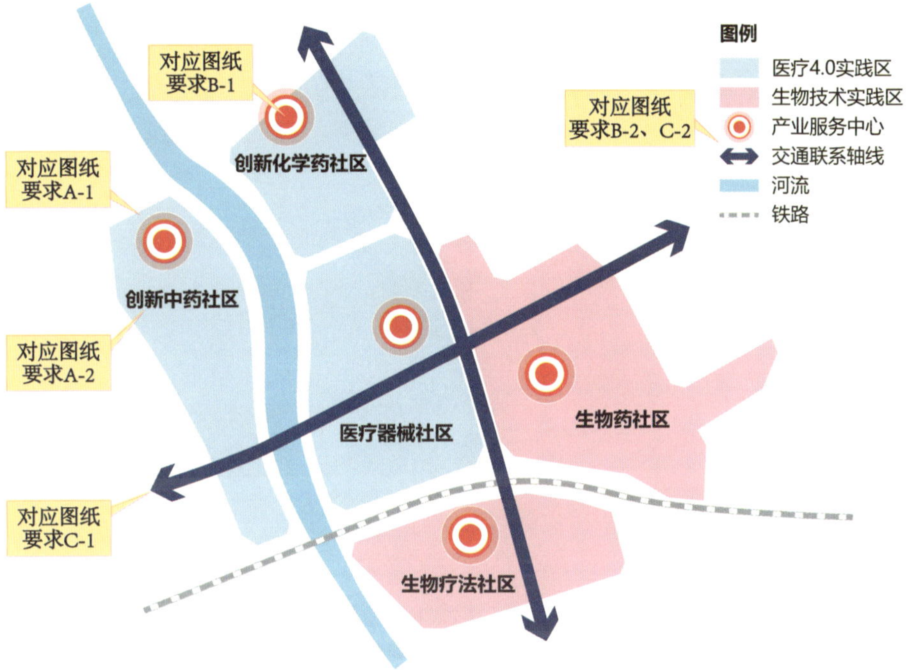

成都医学城A区规划空间结构[1]

◆ 强核式空间组合方式

以下是临沂东部生态城项目的规划空间结构，这一空间结构是较为典型的强核式空间组合方式。该案例位于临沂市河东区的近郊区，距离市中心约16公里，距离区中心约13公里。该案例主要以规划城市快速路和主干道为界，结合分期开发策略将项目划分为八大组团，各组团都是产城融合的复合单元、自成系统；各组团职能基于“京沪沿线生态都市游憩新极核，鲁南苏北青少年研学旅游新高地”的总体定位，围绕“文旅新动能、健康新动能、

[1] 图中黄色标注框所示对应的是本项第 5 点表达形式的图纸要求。

生活新动能”的功能体系，结合已有项目、场地特征等现状条件而提出；项目中部规划的综合服务区，作为项目的核心组团，布局有综合服务中心，配置了大型公共服务、商业和产业等主要功能；其他组团以核心组团为中心分设于南北两侧，功能相对单一，其中，跨贸云谷组团考虑展贸功能需要紧邻规划城际站布局，产业研发制造组团（医药研发园、跨贸云谷）以新型产业用地或商务用地为主，城镇生活组团以居住或商住用地为主；距离核心组团较远的康养小镇和生态社区这2个组团内均设置服务功能相对集中的次一级中心，并依托生态轴线即生态活力带强化与综合服务中心的联系。

临沂东部生态城规划空间结构[1]

[1] 图中黄色标注框所示对应的是本项目第 5 点表达形式的图纸要求。

绿脉，湿地入城、亲水拥绿；城岛，湖链绿道、活力单元；创环，海棠花开、创新闭环；构建“一心多核一带多组团”的水城空间结构。

一岛一单元，构建弹性适应、韧性生长的组团模式。每个单元都是产城融合的复合细胞，用地开发主要分为以下 3 类：①核心——产业功能中心（服务、创新、物流等）；②居住——多个居住社区（配备日常服务设施）；③配套——社区及地区商业。

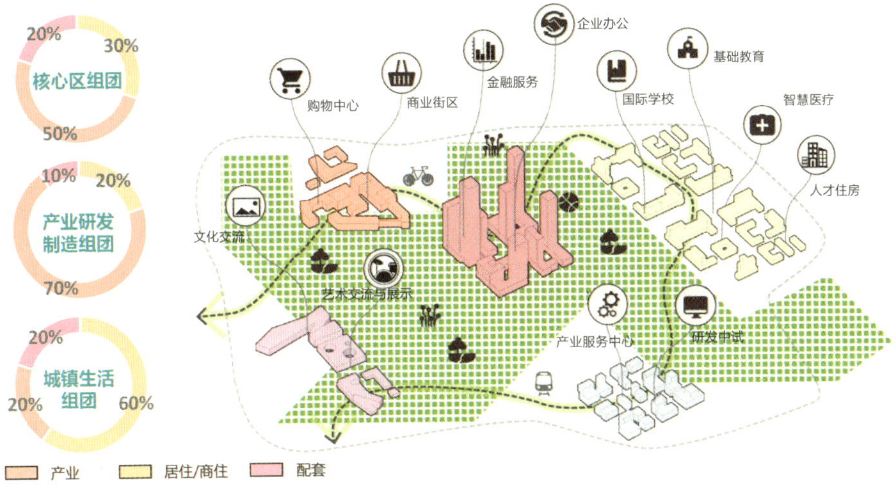

多元功能组团模式图

3 重点项目

1）概念理解

重点项目，是指为实现项目愿景定位、使项目各期均能更好地导入产业和人口而需从多方面优先保障的开发建设项目。

2）管控目标

强化资源导入作用，激发项目发展活力，全周期赋能项目投资价值提升的项目库。

3）管控要点

重点从项目策划和选址布局2个方面进行技术管控。

（1）**项目策划**。应基于概念规划的愿景定位提出产业重点项目，落实当地政府要求建设的重点项目；并策划支持前述重点项目开发及相关人口导入所亟须的补短板项目，包括但不限于：改善交通可达条件的道路等交通设施，保障片区建设运作的市政公用设施和管道（线），提升环境品质的公共开放空间、水体和土壤整治工程等。

重点项目应包括以下3类，且各项目相互间的功能关系应逻辑自洽：形象项目，即高端商务办公、综合性商业、教育科研、文化体育、医疗卫生等重大或标志性设施，以及公园、广场、水系、街道等公共开放空间，作用主要在于树立形象、集聚人气、吸引产业进驻；资金流项目，即居住和产业设施，作用主要在于满足投资收益的需要；配套项目，即道路、基本公共服务、市政等，作用主要在于满足区域城市综合服务配套，并为产业和人口导入提供基础服务。

项目策划应注意提出合理的项目规模（用地面积及建筑面积），兼顾建设目的与建设投入承受能力，满足财务分析要求。若项目已形成战略规划或产业规划，还应结合概念规划的功能分区，对项目战略规划或产业规划中的重点项目予以继承或修正，并明确项目特色和功能构成。

（2）**选址布局**。重点项目的选址应注意与分期策略相契合，确保启动区及每一期均有起到引领作用的项目。重点项目的整体布局应与所选择的空间组合方式相匹配，项目的功能应与用地方案所确定的用地性质相匹配。宜选取片区（启动区/各分期）内区位条件相对较好的区域，以更好地发挥重点项目建设的效用，例如：靠近禀赋较高或人流较大的现状资源（如自然湿地、商业综合体、景区等）；靠近区域性重大交通站场。

4）表达形式

以文字结合图纸和意向图的形式来表达，主要要求如下。

文字需描述重点项目的名称、策划思路、产品特色、建设规模（含用地面积及建筑面积）、功能构成。

图纸应结合规划的功能（组团）布局明确各重点项目的位置，具体要求如下。

类别	图纸表达要求	
表达要素	A-1	清晰表达项目的范围
	A-2	清晰表达项目的规划功能(组团)布局及组团名称
	A-3	以带编号的标注清晰表达各重点项目在规划功能组团内的位置
	A-4	以列表形式按功能组团列全所有重点项目的名称
表达要素	A-5	清晰展现项目范围内及周边的物理空间特征
图面用色	B	不同功能组团的重点项目应采用不同颜色的标注,以便区分

意向图应能表达出重点项目的开发意向，可以选择实景图或本项目的效果图。

5）实例说明

以下是临沂东部生态城项目的重点项目总体布局方案，以及其中康养小镇组团的重点项目策划内容。该案例围绕“京沪沿线生态都市游憩新极核，鲁南苏北青少年研学旅游新高地”的总体定位，在现有的动物园、极地海洋世界和青少年培训基地等项目的基础上，提出了自然博物馆、琅琊文化风情街、新希望种子乐园等产业重点项目，也策划了污水处理厂等补短板项目。该案例策划的重点项目涵盖了形象、资金流和配套三大类，具有区域性影响力和投资规模较大的项目（如图书馆、文化馆、文化艺术中心等）主要集中在核心组团——综合服务区，同时每一期均布局有起到引领作用的项目。以康养小镇组团为例，该组团为一个相对独立的开发分期单元，策划有创新药谷等六大标志性项目以引领组团发展，同时配置有康养社区、休闲水街等资金流项目以及初中、小学、三甲医院等配套项目，各项目功能与用地方案相匹配；其中的标志性项目，临沭河或快速路布局，均结合市场调研情况明确相应的建设规模和功能构成。该案例若能针对重点项目，提炼若干关键词，则其项目特色会更明确、易懂。

■ 重点项目总体布局方案

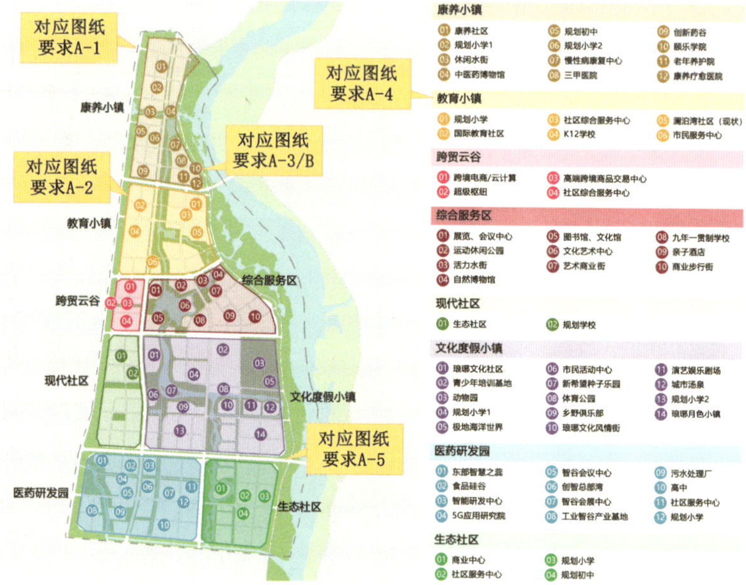

重点项目布局图[1]

■ 康养小镇组团重点项目策划

补全开发区医药健康产业链，打造康养小镇，布局六大标志性项目。

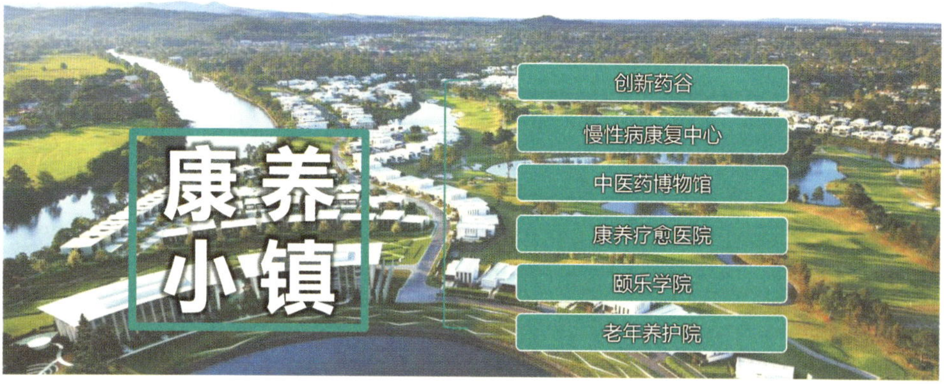

康养小镇六大标志性项目

[1] 上图黄色标注框所示对应的是本项第 4 点表达形式的图纸要求。

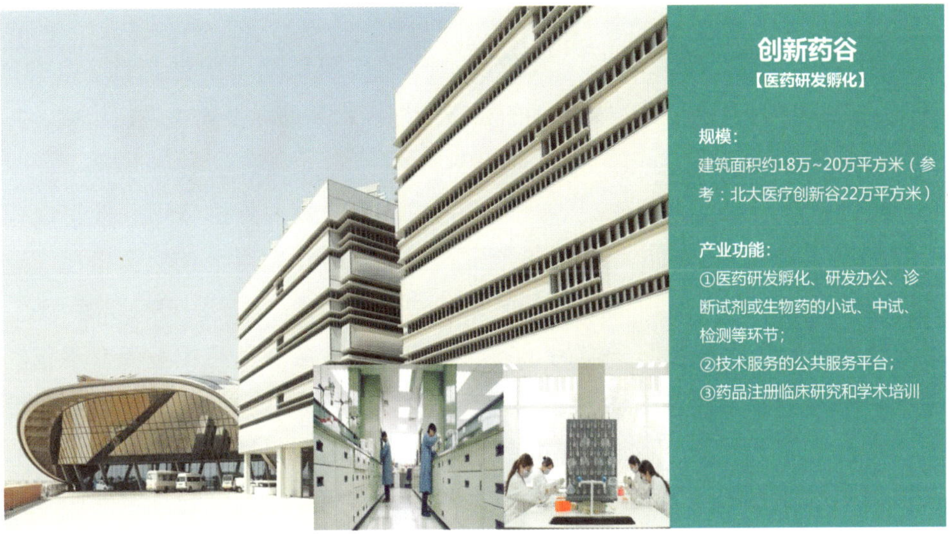

重点项目策划图

4 用地方案

1）概念理解

用地方案，是指依据空间结构为项目范围内各地块的规模和功能做出的布局安排。

2）管控目标

合理控制各类建设用地规模，合理安排功能布局，保障项目投资回报资金来源的稳定性和可靠性。

3）管控要点

用地方案的整体布局应与所选空间组合方式相匹配，同时重点从空间组织和用地平衡2个方面进行技术管控。

（1）**空间组织**。单位地块的划分应注意符合开发条件、满足功能使用需要，包括但不限于：符合现状自然条件，如地块边界和道路红线以现状水体、山体的生态控制或管理退线为界；符合现状和规划的交通和市政公用设施条件，如建设用地地块以铁路、高速公路、快速路、高压走廊等防护距离退线为边界；地块尺度满足内部功能组织及建筑布局需要，如满足住宅建筑布局和退线需要，居住用地的地块宽度不宜小于30米。

用地功能布局应落实概念规划的空间结构部署，细化各组团、节点、轴线的功能布局；注意依据《城市用地分类与规划建设用地标准》（GB 50137—2011）的用地分类和当地的城市规划技术管理标准要求进行组织，并达到控规深度。

此外，还需控制外部效应。一方面，将相互之间有促进作用、能形成规模效应的地块相邻布置，包括但不限于：生活服务设施用地按服务半径靠近居住用地布置；产业用地在空间上聚集形成产业区域，并辅以产业邻里中心/工业便利中心提供配套服务。另一方面，应特别注意避免将相互间有不良影响的功能地块相邻布置，包括但不限于：避免污染影响，如二/三类工业用地、污水处理厂等具有污染性的设施用地避免与居住用地、具有生态功能的绿地相邻；避免噪声影响，如噪声较大的工业避免与需要宁静环境的医院、疗养院相邻；避免交通过载，如避免过分密集布置交通流量较大的剧院、体育场、商业综合体、交通站场等，并避免这些大流量设施靠近医院、消防局等需要快速派出应急车辆的应急设施。

（2）**用地平衡**。各类功能用地比例需与愿景定位相匹配，能体现项目特色，如：产业新城的产业用地（B/M/W类）占比更高，生态城市的绿地、水域（G/E类）占比更高。对于混合功能的单位地块，需明确各功能的混合比例，以便于用地统计。

用地比例应注意保障项目可形成合理的投资收益。居住、商业、工业、物流仓储等经营性建设用地及项目作为投资的主要收益来源，其用地规模根据项目特色弹性控制。按照《国家发展改革委关于规范中央预算内投资资金安排方式及项目管理的通知》（发改投资规〔2020〕518号）的规定，在清晰界定经营性项目与非经营性项目的前提下，需要充分重视经营性建设用地计提后土地出让收入与项目投资的匹配，以及项目经营性收入的占比。有鉴于此，在主要以土地一级开发为主的城市综合开发项目中，用地比例可做如下控制：居住和商住用地总量（R类+RB类）占建设用地比例为25%~35%；商业、商务、工业和物流仓储等产业用地总量（B类+M类+W类，不含生活配套商业设施用地）占建设用地比例为12%~27%；生活配套商业设施用地总量（通常为B1）占建设用地比例不宜多于8%。公共服务设施、道路与交通设施、绿地与广场等工程项目可计入投资成本，其建设用地的规模刚性控制下限，以保障项目的配套服务品质，支持经营性建设用地收益的实现与提升，包括：公共服务设施用地（A类）占建设用地比例不得少于5%；道路与交通设施用地（S类）占建设用地比例不得少于10%；绿地与广场用地（G类）占建设用地比例不得少于10%。公用设施用地（U类）、非建设用地（E类）按需布局，占比不做控制。

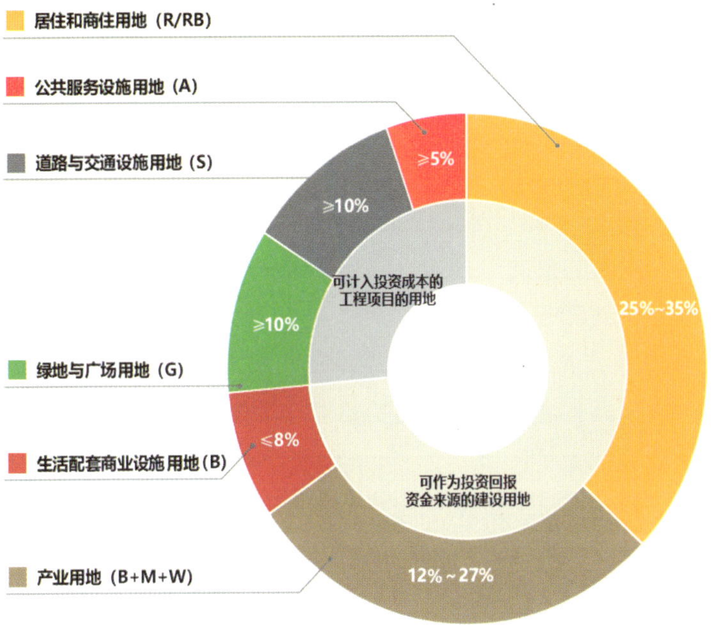

项目合作范围全域的用地比例，以及其中位于城镇开发边界集中建设区内的用地比例，均应符合上述比例要求，以保障不同政策情景下均满足项目愿景发展与投资回报需要。

对于多级联动的城市综合开发项目，特别是城市更新、绿色生态办公区（EOD）或者产业园综合开发运营等项目，具体的用地比例需要在投资评估的基础上结合项目的实际情况与政府诉求分析确定。

4）技术指引

根据《城市用地分类与规划建设用地标准》（GB 50137—2011），用地分类包括城乡用地分类、城市建设用地分类2个部分。需注意的是，以下4类用地不得计入城市建设用地（H11）：

区域交通设施用地，包括铁路、公路、港口、机场和管道运输等区域交通运输及其附属设施用地，计入城乡用地中的H2；

区域公用设施用地，包括为区域服务的能源设施、水工设施、通信设施、广播电视设施、殡葬设施、环卫设施、排水等用地，计入城乡用地中的H3；

特殊用地，包括专门用于军事目的设施用地（不包括部队家属生活区和军民共用设施等用地），以及监狱、拘留所、劳改场所和安全保卫设施等用地（不包括公安局用地），计入城乡用地中的H4；

采矿用地，即采矿、采石、采沙、盐田、砖瓦窑等地面生产用地及尾矿堆放地，计入城乡用地中的H5。

5）表达形式

以文字结合图表的形式来表达，主要要求如下。

文字应详细描述项目范围内各类用地的规模及其占城市建设用地、总用地的比例。

图纸应满足要素齐全、用色合理的要求，具体要求如下。

类别	图纸表达要求	
表达要素	A-1	清晰表达项目的范围
	A-2	清晰表达各单位地块的边界，并标注相应的用地代码
	A-3	清晰表达铁路、道路、高压线走廊等线状基础设施
	A-4	清晰标注铁路、城市轨道、道路等主要交通设施以及水体的名称
	A-5	图上需有比例尺、风玫瑰及图例
图面用色	B-1	主要类型用地的颜色与《城市规划制图标准》（CJJ/T 97—2003）规定的主色调一致： ● 居住用地（R），黄色 ● 公共管理与公共服务设施用地（A）、商业服务业设施用地（B），红色 ● 工业用地（M），褐色 ● 物流仓储用地（W），紫色 ● 城市道路用地（S1），白色 ● 交通设施用地（S2/S3/S4/S9），中灰色 ● 绿地与广场用地（G），绿色
	B-2	凸显项目范围内的用地，与周边地区用地有所区分

表格应明确各类用地的面积及其占城市建设用地、总用地的比例，涵括城乡用地汇总表、城市建设用地平衡表2张表的内容（详见4.3 用地统计表），分成2张表格或整合为1张表格均可；对于涉外项目（如项目计划针对外商进行招商引资），统计表中宜列明各类用地的英文名称。

6）实例说明

以下为三水西南水韵职教小镇项目的用地方案。在空间组织方面，该案例充分利用丘陵地形和鱼塘水系等现状自然条件作为景观和开发价值资源，顺应自然地形组织环路并加强省道S269东西两侧用地的联系，建设用地地块边界考虑了铁路、省道、高压走廊等防护退距要求。依托现有设施和基地周边已有功能，在基地外围形成居住、产业、生态界面，内部则为应对省道S269对项目中部的空间分割，在省道东西两侧各自采用组合式布局，将价值较高的居住、酒店等用地结合水面、绿化景观和公共设施布置，较好地控制了外部效应。在用地平衡方面，教育科研用地所占比重较高，匹配了职教小镇“校园、科技园、家园”的功能特色。

项目总用地940.50公顷，其中，建设用地457.90公顷，约占总用地的49%；非建设用地482.60公顷，约占总用地的51%。

用地规划图[1]

[1] 图中黄色标注框所示对应的是本项第5点表达形式的图纸要求。

■ **建设用地**

建设用地包括城市建设用地456.01公顷，村庄建设用地1.89公顷。

城市建设用地包括：居住用地163.07公顷，约占城市建设用地的36%；公共管理与公共服务设施用地84.05公顷(其中包括教育科研用地66.51公顷)，约占城市建设用地的18%；产业用地91.18公顷（其中商业服务业设施用地81.55公顷、工业用地9.63公顷），约占城市建设用地的20%；道路与交通设施用地73.92公顷，约占城市建设用地的16%；公用设施用地3.43公顷，约占城市建设用地的1%；绿地与广场用地40.36公顷，约占城市建设用地的9%。

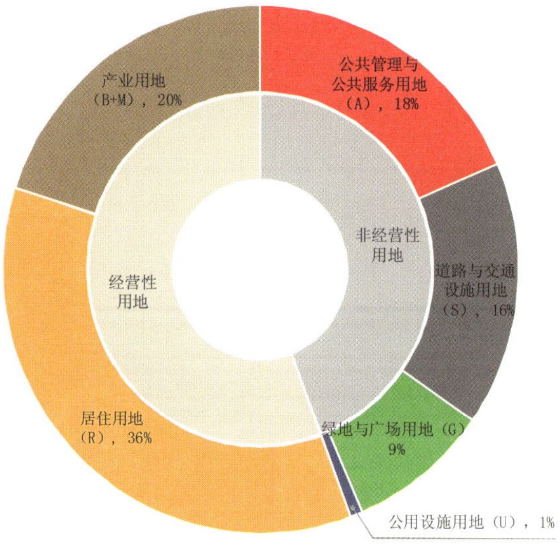

项目用地构成示意图

■ **非建设用地**

非建设用地包括水域用地104.97公顷，约占总用地的11%；农林用地377.63公顷，约占总用地的40%。

规划用地统计表

序号	用地代码			用地名称	用地面积（公顷）	占城市建设用地比例(%)	占总用地比例(%)
	大类	中类	小类				
1	R			居住用地	163.07	36	17
		R2		二类居住用地	163.07		
2	A			公共管理与公共服务设施用地	84.05	18	9
		A1		行政办公用地	1.02		
		A2		文化设施用地	9.55		
		A3		教育科研用地	66.51		
			A31	高等院校用地	18.01		
			A33	中小学用地	10.65		
			A35	科研用地	37.85		
		A4		体育用地	2.58		
		A5		医疗卫生用地	4.39		
3	B			商业服务业设施用地	81.55	18	9
		B1		商业设施用地	65.91		
		B2		商务设施用地	12.42		
		B3		娱乐康体设施用地	2.50		
		B4		公用设施营业网点用地	0.72		
4	M			工业用地	9.63	2	1
5	S			道路交通设施用地	73.92	16	8
		S1		城市道路用地	71.32		
		S4		交通站场用地	2.60		
			S42	社会停车场用地	2.60		
6	U			公用设施用地	3.43	1	1
		U1		供应设施用地	0.62		
		U2		环境设施用地	2.41		
		U3		安全设施用地	0.40		
7	G			绿地或广场用地	40.36	9	4
		G1		公园绿地	21.77		
		G2		防护绿地	18.20		
		G3		广场用地	0.39		

续表

序号	用地代码			用地名称	用地面积（hm^2）	占城市建设用地比例（%）	占总用地比例（%）
	大类	中类	小类				
城市建设用地					456.01	100	49
8	H			建设用地	457.90	—	49
		H1		城乡居民点建设用地	457.90		
			H11	城市建设用地	456.01		
			H14	村庄建设用地	1.89		
9	E			非建设用地	482.60	—	51
		E1		水域	104.97		
		E2		农林用地	377.63		
总用地					940.50	—	100

5 开发强度

1）概念理解

开发强度，是指依据项目的愿景定位所形成的综合开发要求，基于对项目范围内及其周边关系密切地区土地、资源、环境等的合理利用和保护考虑，对项目范围内建设用地的建设和环境质量程度等做出的规定。

2）管控目标

符合规定/规范要求，彰显项目品质形象，迎合目标市场需求，保障合理的项目土地出让收益或综合开发收益，降低经营性建设用地开发风险。

3）管控要点

重点对容积率进行技术管控，要点包括3个方面。

（1）**取值应符合规定标准**。优先满足项目所在市的城市规划管理技术规定要求，若所在市无城市规划管理技术规定，则依次遵循以下要求：①所在市的容积率管理办法；②所在省的城市规划管理技术规定；③居住用地满足《城市居住区规划设计标准》（GB 50180—2018），工业用地满足《工业项目建设用地控制指标》（自然资源部2023年发布）。

（2）**取值需体现产品特征**。概念规划确定的重点项目所在地块，以及投资机构重点关注、有意向开发的地块，取值能充分体现意向开发的产品特征，具体取值建议如下。①住宅类，位于核心区域的高层住宅、公寓用地，取值适当提高至2.8以上；以别墅、叠墅或洋房为主的高档住宅用地，取值适当压低至2.0以下。②商业商务类，位于核心区域，设有标志性高层的商业商务综合体用地，取值适当提高至3.0以上；街区式商业用地，取值适当压低至3.0以下；带游乐园性质的商业用地，取值适当压低至2.2以下；企业独栋式商务用地，取值适当压低至2.0以下。③产业类，带设计、研发、孵化等2.5产业功能的产业用地，取值适当提高至2.0以上；新型产业用地，取值适当提高至2.0以上。

（3）**取值应满足货值要求**。经营性用地（居住、商业、商务、工业、物流仓储用地），取值应注意能保证地块出让或建设开发收益与项目投资的匹配。

Tips 1　　符合各地城市规划管理技术规定要求是开发强度控制的基本要求，在实践中可能还会存在规范要求以外的诉求，譬如通风廊道、视觉通廊等地方特色要求。投资机构与地方政府需要充分协商这些诉求，并在开发强度控制中对其予以回应。

Tips 2　　容积率决定了投资机构片区开发需要投入的资金量，也决定了可出售、出租的建筑面积（经营用地的货值），因此需要与财务分析进行相互校核。

4）表达形式

以文字结合图纸的形式来表达，主要要求如下。

文字应描述容积率确定的依据，包括但不限于所采用的管理技术规定、相关影响因素等。

图纸应清晰表达各单元地块的容积率，具体要求如下。

类别	图纸表达要求	
表达要素	A-1	清晰表达影响容积率确定的要素
	A-2	图上需有相应的图例
	A-3	项目所在范围若已有控规，则应清晰表达规划方案与原控规之间的区别
图面用色	B	采用同色系不同明度的颜色表达不同级别容积率从高到低的区别。通常颜色越深，表示地块容积率越高

5）实例说明

以下是成都市温江区永宁片区（医学城B区）综合开发项目的开发强度方案。该案例基于现行控规提出容积率优化方案；各地块容积率的确定，不仅遵循了项目所在地城市规划管理技术规定的有关要求，而且根据相关概念规划（即《成都医学城高品质科创空间规划》）以及投资机构的开发需求，对部分地块的容积率做出了适当提高，如：4号地块规划为商业用地，拟布局地标性商业综合体，故将容积率提高至4.0（当地对商业用地规定的容积率上限为4.0）。

遵循《成都市城市规划管理技术规定（2017）》，综合考虑TOD[1]综合开发理念等因素，优化地块容积率。

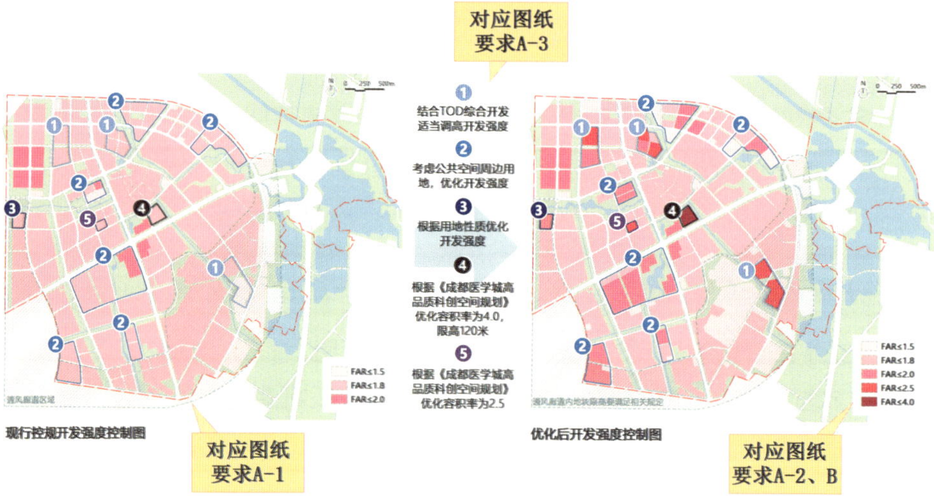

项目开发强度调整前后方案对比[2]

[1] TOD，Transit Oriented Development，即交通引导开发。
[2] 图中黄色标注框所示对应的是本项第4点表达形式的图纸要求。

6 人口规模

1）概念理解

人口规模，是指项目范围内居住用地所满载的人口数量。

2）管控目标

明确基本配套（包括公共绿地、公共服务设施和基础设施）的服务规模，为相关工程建设总投资规模的合理控制提供依据。

3）管控要点

重点对居住人口的总量和分布情况进行技术管控。

（1）**居住人口总量**。应明确项目范围内的居住人口总量，以指导公共绿地、交通、公共服务设施和市政公用设施的用地总规模控制。

（2）**居住人口分布**。宜明确各居住用地地块的居住人口规模，以指导不同等级的公共绿地和公共服务设施配置。

4）技术指引

项目范围内的原规划人口规模可以通过相关规划确定的居住用地开发强度，结合当地人均住房建筑面积进行测算。具体测算方法如下：

①通过居住用地的用地规模和容积率测算住房建筑面积；

②明确项目所在地区的人均住房建筑面积（以项目地区统计局统计的人均住房建筑面积数据为准，若无当地人均住房建筑面积数据，可以参照住房和城乡建设部政策研究中心“全面建设小康社会居住目标研究”中2020年城镇人均住房建筑面积35.0平方米/人的标准进行预测）；

③通过住房建筑面积和人均住房建筑面积测算得出居住人口规模。

考虑到项目综合开发对项目区域人口机械增长的影响，可以根据项目实际需要，参照行业标准《城市人口规模预测规程》采用增长率法、相关分析法等预测方法。

5）表达形式

以文字结合图表的形式来表达，主要要求如下。

文字应说明计算居住人口的依据、相关参数和测算结果。

表格应列明项目范围内规划的居住用地规模、容积率、人均住房建筑面积、建筑规模（总建筑面积）以及测算的居住人口规模。

图纸应满足要素齐全、用色合理的要求，具体要求如下。

类别	图纸表达要求	
表达要素	A-1	清晰表达项目的范围
	A-2	清晰表达各居住用地的地块边界
	A-3	清晰标示居住人口的分布情况
	A-4	图上需有相应的图例
图面用色	B	居住用地以黄色为主色调，采用不同明度的颜色区分表达不同类型的居住用地

6）实例说明

以下是成都市温江区永宁镇（北片区）综合开发项目对项目居住人口总量做出的预测。该案例以不同类型居住用地人均住房建筑面积指标为基础，结合用地规模和规划容积率计算建筑规模，进而推算规划居住人口，并以表格形式呈现，使结果展示得更加清晰。若项目所在城市对人均住房建筑面积有相关规定，则需要参照当地城市相应的设计规范进行计算。

本规划采用一类居住用地人均住房建筑面积指标为50平方米/人，二类居住用地人均住房建筑面积指标为38平方米/人，得出规划居住人口约为3.96万人。

居住用地及居住人口规划表

用地分类		用地规模（公顷）	规划容积率	人均住房建筑面积（平方米/人）	建筑规模（万平方米）	规划居住人口（人）
居住用地	一类居住用地	5.84	0.7	50	4.09	818
	二类居住用地	81.86	1.80	38	147.35	38 776
合计		87.70	—	—	151.44	39 594

7 绿地水系

1）概念理解

绿地，是指项目范围内以植被为主要形态，并对生态、游憩、景观、防护具有积极作用的附属绿地[1]以外的各类绿地。

水系，是指由江、河、湖、库、渠、湿地等地表水体组成的水网系统，通常具有生态、景观等价值。

2）管控目标

营造高品质公共环境，从而带动项目土地价值提升，加速投资资金回正。

3）管控要点

依照绿地与建设用地范围的关系，将绿地分为区域绿地与城区绿地进行技术管控。

◆ 区域绿地

区域绿地是指位于建设用地范围之外的绿地。规划应明确项目内部及其周边的重要区域绿地位置、类型（生态保育/风景游憩/安全防护/园林生产）及范围；高速铁路两侧应从外侧轨道中心向外设不小于50米宽的防护绿地，普通铁路两侧防护绿地应不小于20米宽，其他线路两侧防护绿地应不小于15米宽；高速公路两侧应设20~50米宽的防护绿地。

◆ 城区绿地

城区绿地是指位于建设用地范围之内的绿地。城区绿地的配置应注意优先满足项目所在地区的城市规划管理技术规定/标准要求；如无地方规定/标准，则应符合现行国家标准规定，包括：绿地与广场用地（G类用地）面积不得小于10平方米/人；城区公园绿地和广场用地500米服务半径覆盖居住用地的比例应大于90%，规划新区应达到100%。应注意明确项目规划绿地与生态控制线、城市绿线之间的关系，以确定项目是否涉及生态控制线和城市绿线的调整，以及规划绿地允许布局的功能。需结合慢行交通系统布置，并

[1] 附属绿地是附属于各类建设用地之中的绿地。

考虑公共开放空间营造需要。同时，根据绿地类型，还需满足以下要求。

（1）**公园绿地（G1）**。公园应分级均衡布局（参见本项第4点技术指引中的“公园绿地分级设置指引”），万人拥有综合公园指数不小于0.06个。

（2）**防护绿地（G2）**。根据市政公用设施、交通设施、水体、危险品及污染型企业等防护要求设置防护绿地。规模优先满足项目所在地区的城市规划管理技术规定/标准要求；如无地方规定/标准，则应符合相关国家标准规定（参见本项第4点技术指引中的“城内防护绿地类型及规划布置指引”）。

（3）**广场用地（G3）**。需明确广场分类和布局。规划新建广场面积优先满足项目所在地区的城市规划管理技术规定要求；如无地方规定/标准，则应符合相关国家标准规定（参见本项第4点技术指引中的“广场用地规模指引”）。

针对水系，重点从水体和岸线2个方面进行技术管控。

◆ 水体

应注意明确河流、湖泊、水库、湿地等重要水体的分布和范围，及其与生态保护红线、生态控制线、城市蓝线之间的关系（落实/调整）。应以现状水域为基础，避免盲目开挖过大的水域。水系布局应充分考虑河湖水体的水量和水位需要，满足城市防洪排涝需要。

◆ 岸线

在城市功能集中地段节点形成具有活力、可达性与亲水性较好的硬质岸线和滨水游憩空间；在生态郊野地段形成以自然形态为主的生态性岸线。宜结合海绵城市等提出岸线设计策略。

Tips 1

依据《城市绿地规划标准》（GB/T 51346—2019）、《城市绿地分类标准》（CJJ/T 85—2017），绿地可分为区域绿地和城区绿地两大类。

区域绿地（EG），是指城乡建设用地之外，具有生态系统及自然文化资源保护、休闲游憩、安全防护隔离、园林苗木生产等功能的绿地，如自然保护区、森林/郊野公园、苗木生产基地等。

城区绿地，是指城乡建设用地内具有生态、游憩、景观、防护等功能的绿地，包括公园绿地（G1）、防护绿地（G2）、广场用地（G3）、附属绿地（XG）等类别；其中，公园和广场是公共开放空间的重要组成部分；附属绿地是附属于各类建设用地之中的绿地，在概念规划阶段一般不单独表达。

Tips 2

生态保护红线与生态控制线两者间可能有部分重叠，但并不存在必然的包含与被包含关系。

生态保护红线属于国土空间总体规划的强制性内容，原则上不可调整。其主要涵盖国家公园、自然保护区、森林公园的生态保育区和核心景观区，风景名胜区的核心景区，地质公园的地址遗迹保护区，世界自然遗产的核心区和缓冲区，湿地公园的湿地保育区和恢复重建区，饮用水水源地的一级保护区，水产种质资源保护区的核心区，其他类型禁止开发区的核心保护区域等国家级和省级禁止开发区域；通常还包括极小种群物种分布的栖息地，国家一级公益林，重要湿地（含滨海湿地），国家级水土流失重点预防区，沙化土地封禁保护区，野生植物集中分布地，自然岸线、雪山冰川、高原冻土等重要生态保护地。

生态控制线涵盖生态保育、风景游憩、防护隔离和生态生产等功能的绿色生态空间，生态控制线范围内不得规划集中连片的城市建设用地，其中严格控制范围内不得规划布局与绿色生态空间要素主导功能定位不符的用地和建设项目。城市规划区非建设用地内的生态控制线应划定为城市绿线，但具有一定的可调整空间；如项目涉及生态控制线，应根据项目需要提出其布局优化建议。

Tips 3

水系要素通常会出现在水系规划等成果中，涉及滨水开放空间的内容表述方式视情况而定，可结合公园、广场等进行表述，也可以作为独立的内容表述。

4）技术指引

◆ 公园绿地分级设置指引

类别		项目范围内整体要求：人均指标（平方米/人）	项目范围内整体要求：用地要求	单个公园设置要求：服务人口规模（万人）	单个公园设置要求：服务半径（米）	单个公园设置要求：适宜规模（公顷）	单个公园设置要求：人均指标（平方米/人）
综合公园		≥3.0（人均城市建设用地≥9平方米/人时，需≥4.0）	宜优先布置在区位和山水地形条件良好、交通便捷的区域；至少应有1个主要出入口与城市干道连通	>50.0	>3 000	≥50	≥1.0
				20.0~50.0	2 000~3 000	20~50	1.0~3.0
				10.0~20.0	1 200~2 000	10~20	1.0~3.0
居住区公园	社区公园	≥3.0	应分级集中设置一定面积的居住区公园，形成集中与分散相结合的绿地系统	5.0~10.0	800~1 000	5~10	≥2.0
				1.5~2.5	500	1~5	≥1.0
	游园	≥1.0		0.5~1.2	300	0.4~1	≥1.0

注：①若项目所在地区有地方出台的城市规划管理技术规定/标准，则应以相应的规定/标准对公园绿地进行配置，如《深圳市城市规划标准与准则》《佛山市城市规划管理技术规定》《青岛市城乡规划管理技术规定》等。②除综合公园、居住区公园外的专类公园（如动物园、植物园、历史名园、遗址公园、体育健身公园、儿童公园、滨水及沿路公园、游乐公园、纪念性公园等）布局和规模应符合当地技术规定/标准或现行国家标准规范、相关保护规划要求。

◆ 城内防护绿地类型及规划布置指引

类别	设置要求	对应项目	防护绿地宽度（米）	备注
高压走廊防护绿地	35~1 000 kV 高压架空电力线路走廊应设置防护绿地	直流 ±800 kV	80~90	所列防护绿地宽度即为现行国标《城市电力规划规范》（GB/T 50293—2014）中规定的高压走廊宽度
		直流 ±500 kV	55~70	
		1 000（750）kV	90~110	
		500 kV	60~75	
		330 kV	35~45	
		220 kV	30~40	
		110（66）kV	15~25	
		35 kV	15~20	

续表

类别	设置要求	对应项目	防护绿地宽度（米）	备注
公用设施防护绿地	水厂和加压泵站周围应设置防护绿地	≥10		即现行国标《城市给水工程规划规范》（GB 50282—2016）中规定的绿化带宽度
	污水处理厂周围应设置防护绿地	—		应根据污水处理厂设计规模和建设形式等因素具体确定
	生活垃圾转运站、垃圾焚烧厂、生活垃圾卫生填埋场、垃圾转运码头、餐厨垃圾集中处理设施等周围应设置防护绿地	垃圾转运码头	≥5	符合现行国标《城市环境卫生设施规划标准》（GB/T 50337—2018）中规定的绿化隔离带宽度
		生活垃圾焚烧厂	用地内沿≥10	
		生活垃圾卫生填埋场	用地内沿≥10 外沿周边≥100	
		餐厨垃圾集中处理设施	用地内沿≥10	
内河、海、湖等水体沿岸防护绿地	—	≥30		见现行国标《城市绿线划定技术规范》（GB/T 51163—2016）
道路及铁路防护绿地	—	道路	应符合当地技术规定	—
		铁路	≥30	见现行国标《城市绿线划定技术规范》（GB/T 51163—2016）
有害气体及污染工厂的防护绿地	—	≥50		见现行国标《城市绿线划定技术规范》（GB/T 51163—2016）

◆ 广场用地规模指引

服务人口规模（万人）	新建单个广场面积要求（公顷）
<20	≤1
20~50	≤2
50~200	≤3
≥200	≤5

5）表达形式

以文字与图纸相结合的形式来表达，主要要求如下。

文字需描述绿地水系的规划策略、各类绿地面积及指标、河湖水系的面积、岸线的功能与长度等。

图纸应清晰表达规划各类绿地、水系的分布情况及设计意向，通常包括绿地系统规划图、水系规划图、岸线功能/岸线利用规划图（规划情况较简单时可整合为一张图表达），具体要求如下。

类别	图纸表达要求	
表达要素	A-1	清晰表达项目的范围
	A-2	清晰表达绿地、水体地块边界
	A-3	清晰标注主要山体、公园等绿地和水体的名称
	A-4	清晰表达各公园的服务半径覆盖范围
	A-5	生态保护红线、生态控制线范围（如有）须在成果 CAD 中反映，视情况在成果图纸上表达
	A-6	清晰表达不同功能的岸线划分（岸线总长度较长时）
	A-7	重点展示公共空间时（如需），应结合意向图或断面图表达
图面用色	B	用地颜色与《城市规划制图标准》（CJJ/T 97—2003）规定的主色调一致： ● 绿地以绿色为主色调，不同功能的绿地可用主色调下不同明度的颜色表达； ● 水域以蓝色为主色调，如有需要，不同等级的水系可用主色调下不同明度的颜色表达

注：图纸应同时满足 3.3－4 用地方案中关于表达要素的要求。

6）实例说明

◆ 绿地水系规划

以下为宁波奉化城市转型示范区（中交未来城）项目的绿地水系规划。该案例在保护原有生态本底的基础上，对绿地和水系进行了分类分级设置，通过保留与构建田园（农林用地）、湿地（水域及大面积公园绿地）、科创绿环等满足城市公共开放空间营造需要，对景观中心和公园做出安排，同时保证公园绿地的服务半径覆盖。沿道路和河道设置不同宽度的防护绿地和公园绿地，满足防护绿带和慢行交通的需求。对河道提出形态和宽度调整策略，较完整地保留了现状河道网，凸显项目水乡特色。该案例涉及对已有控规的空间优化调整，在水系调整方面重点做出研究，若增加案例规划绿地与已有控规规划绿地的调整对比研究，则其分析会更加扎实。

保护自然本底特征的城市水绿格局——田园环城、湿地入城、水巷融城，1 000米进田园，500米进科创绿环，300米进公园，街道100%林荫化，蓝绿覆盖率达到30%。

田园环城：打造田城相融、林水相依的生态城市，外围田园锚固生态本底，内部基本农田先期战略留白。

湿地入城：通过湿地景观划分组团空间，活化城市蓝绿脉络。

水巷融城：以水为枝为环，营造水乡水巷。小街区模式呼应传统城市格局，与外围田园互动。

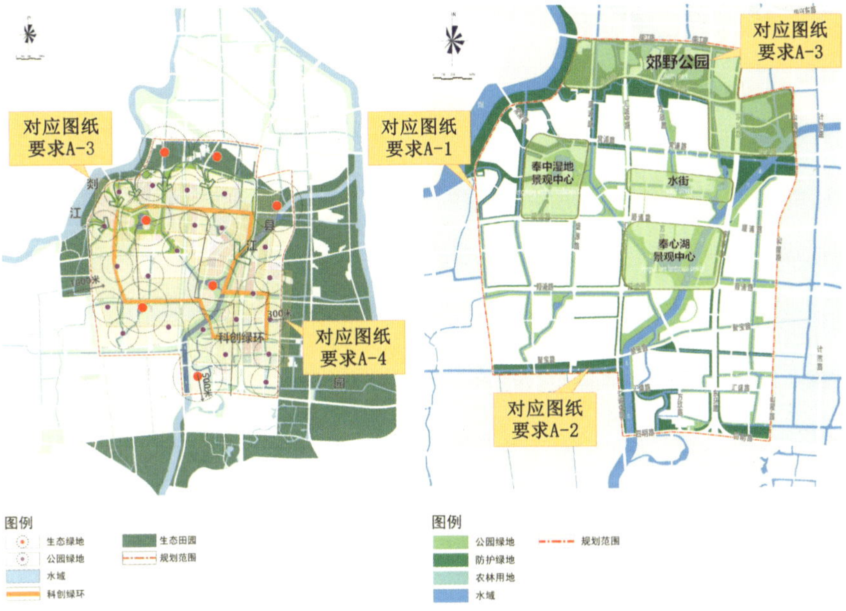

城市水绿格局图及绿地水系规划图[1]

落实生态文明观的要求，以保护原有水系生态为先，原则上不填埋水系、谨慎裁弯取直、拓宽河道。

①道路线型顺应水系走向做适当调整（方欣路北段、北仓路、聚宝路、鱼山河东侧道路）。

②主要河道宽度保持不变。

③次要河道铜山河、水街、中横河、中依河、聚宝路北侧河道适当缩小宽度。

[1] 图中黄色标注框所示对应的是本项第 5 点表达形式的图纸要求。

④详细策划水绿利用方式，带动周边价值提升。

◆ 水系分级管控

以下为临沂东部生态城项目水系的分级管控相关内容。该案例依据水系宽度对项目范围内水系进行了分级设置，形成主要河道贯穿项目基地连通各功能区、局部成环成网的格局。该案例对水系分布情况及滨水空间设计意向做了直观展示，整体分析偏概括，若能提出对分级水系的管控要求或岸线设计策略，则更有针对性。

通过对不同宽度的水系进行分级管控，形成不同级别的水系网络，使之均匀分布在场地内。

水系分级管控规划图[1]

---

[1] 图中黄色标注框所示对应的是本项第 5 点表达形式的图纸要求。

8 综合交通

1）概念理解

综合交通，是指以支撑项目综合开发与发展为导向，为项目对外及范围以内的客、货运输提供服务的各种交通方式及其设施。

2）管控目标

形成区域枢纽便捷可达、内部道路紧凑高效、多种方式立体接驳的交通体系，支持高品质出行体验与公共空间营造，从而带动项目土地价值提升，加速投资资金回正。

3）管控要点

依照对外交通、内部交通和特色交通3类分别进行技术管控。

（1）**对外交通**。重点从区域性重大交通设施、高速公路、国道和省道、快速路和主干路4个方面着手管控。

区域性重大交通设施。应明确项目范围内及周边关系密切的主要站场（机场、港口、高铁站、普铁站、城铁站、长途客运站等）的类型（明确该设施的辐射范围与服务功能）及位置（参见本项第4点技术指引 - 主要区域性交通站场的常见类型）。明确项目范围内及周边关系密切的主要站场与重点城市的客运联系情况，对于普铁站、城铁站、长途客运站还应明确其与重点城市周边重要地区的联系情况；客流引入路径不顺畅时，应提出支持来自重点城市及其周边重要地区的客流以最便捷顺畅路径引入的优化建议（关于重点城市及其周边重要地区的范围界定参见3.2 - 1 项目区位的技术要求）。应注意明确主要站场与项目的接入方式与路径，保证其与项目具有良好的交通联系，能30分钟内到达（机场可放宽至60分钟内）；对于项目与外部区域性重大交通站场，应尽量通过直接可达的城市轨道或高速公路实现联系。铁路、城际轨道等与项目相关的线性设施仍处于规划设计阶段时，应注意避免地面或高架段的走线横跨多条项目内部道路或穿过项目范围内地块。

高速公路。应明确项目范围内及周边的高速公路与重点城市、重点城市周边重要地区、主要区域性交通站场的联系情况；客流引入路径不顺畅时，应提出支持相关客流以最便捷顺畅的路径引入的优化建议（关于重点城市及其周边重要地区的范围界定参见3.2 - 1 项目区位的技术要求）。应注意明确高速公路出入口与项目的接入路径，保证与项目便捷联系，能15分钟内到达；若项目范围内或项目距离高速公路最近区域内没有出入口时，需考虑在项目范围内或邻近处增设出入口。新建高速公路仍处于规划设计阶段时，应注意避免其在地面穿过项目范围。

国道和省道。应明确国、省道与项目的接入方式，保证其与项目内部道路充分衔接。明确项目范围内及周边关系密切的国、省道与重点城市、重点城市周边重要地区的联系情况；客流引入路径不顺畅时，应提出支持相关客流以最便捷顺畅路径引入的优化建议（关于重点城市及其周边重要地区的范围界定参见3.2 - 1 项目区位的技术要求）。国、省道现状为项目城市功能片区的过境道路时，应注意在规划中将其改线到项目城市功能片区外围。

快速路和主干路。项目内部道路应与其充分衔接，实现项目便捷通达周边地区各个方向。应明确项目范围内的快速路、主干路与城市（主/副）中心、老城区、主要功能区、主要区域性交通站场的联系情况；客流引入路径不顺畅时，应提出支持相关客流以最便捷顺畅的路径引入的优化建议。

（2）**内部交通**。包括道路系统、公共交通、慢行交通和停车系统4个方面。

道路系统。在道路网布局上，应与现状道路形成良好衔接，与分期策略相匹配；注意道路间距满足用地功能布局需要（参见本项第4点技术指引 - 不同功能区的道路间距推荐值）；确保主要功能节点地块的机动车主出入口能设置于主要客流方向之上（参见本项第4点技术指引 - 地块主出入口与各等级道路之间的设置要求）。道路网密度上，应与人口规模、用地功能相匹配（参见本项第4点技术指引 - 道路网密度要求）。道路红线宽度上，应注意考虑满足公共开放空间营造需要。

公共交通。对于地铁和轻轨，当项目范围内及邻近地区规划的地铁或轻轨线路未稳定时，应注意结合项目范围内的主要功能节点布设线路及站点，应避免地面或高架段的走线横跨多条项目内部道路或穿过项目范围内地块；当现状及已规划稳定的线路均未经过项目范围内时，应结合项目范围内的主要功能节点提出新增线路的规划布局及与已有线路的接驳建议。对于快速交通系统（BRT）、有轨电车和公共汽车，公交车首末站（S41）与区域性重大交通设施、地铁及轻轨站点一体化布局。

慢行交通。主要是对人行道、非机动车道及相关静化设施进行技术管控。应注意结合绿地（含公园/街头绿地/广场）、水岸、街道等公共开放空间设置，考虑满足公共开放空间营造需要。主要线路应串联项目范围内各主要功能节点。需明确静化设施（驿站、自行车租赁处）设置原则。当项目所在地区对绿道规划有要求时，应明确区域级、市（县）级、社区级等各级绿道的布局，确保规划的绿道能联系项目范围内的主要功能节点、公共开放空间等，并与邻近地区的绿道形成良好对接（参见本项第4点技术指引 – 绿道分类选线指引）。

停车系统。主要是对社会停车场进行技术管控。主要功能节点均应布置社会停车场。社会停车场总用地规模按人均0.5~1.0平方米控制。

（3）**特色交通**。主要有水上交通、货运交通、新基建等。

当项目处于滨水地区、具有可开发水资源的旅游功能区时，应考虑水上交通。客运码头应结合主要功能节点布置，交通路线应与客流走廊、旅游线路充分衔接。

当项目处于设有工业园区或工业集中区、港口、火车站等货运需求较大的地区时，应考虑货运交通。应注意避免货运道路穿越项目范围内的中心区、商业区、居住区。对于设有工业园区或工业集中区的地区，还需确保货运道路联系对外公路网的出入口不少于3个；货运枢纽（物流中心）按照服务半径3~4公里布置，每处1~10公顷，到达高快速路的时间不超过20分钟。

当项目当地有发展新基建的意向或项目处于具有市场潜力的地区时，可考虑新型交通方式和新型基础设施。可结合主要功能节点布局智轨、云轨、地下物流、智运快线等新型交通方式，并划定示范区；布置包括但不限于智能停车场（库）、新能源汽车充电桩等新基建设施。智能停车场（库）的停车位应在100个以上，低于此规模将不符合成本效益原则。

Tips 1　主要功能节点是指大型公共建筑及地标、商业中心、客运枢纽、旅游景点等。

Tips 2	绿道是指以自然要素为依托和构成基础，串联城乡游憩、休闲等绿色开放空间，以游憩、健身功能为主，兼具市民绿色出行和生物迁徙等功能的廊道；主要由游径系统（慢行系统及交通接驳点）、绿化和设施（服务设施、市政设施和标识设施）3个部分组成。
Tips 3	规划道路线型考虑两侧地块开发的土地价值，整体布局尽量格局方正，避免出现没有依据的曲线或折线路网等形式主义。尽量让道路平行或垂直于河道，尽量避免将其设置在项目范围的边界之上，以提高利用率。

4）技术指引

◆ **主要区域性交通站场的常见类型**

（1）**机场**。分为民用机场、军民合用机场和其他机场。

民用机场（含军民合用机场），包括运输机场和通用机场。其中，运输机场，按航线性质可分为国际航线定期航班机场（国际机场）、国内航线定期航班机场（国内机场），按功能定位可分为国际枢纽机场、区域枢纽机场、干线机场、支线机场；通用机场包括专门从事为工农业生产服务的作业飞行以及为公务活动、应急救援、医疗救护、游览、竞技、娱乐、教育校验等开展飞行活动的机场。

其他机场，包括指军用机场、警用机场等，做概念规划时一般无需分析。

（2）**港口**。分为客运港和货运港。

客运港，主要有国际客运码头、邮轮港、内河客运枢纽等。

货运港，可细分为海港、内河港和内陆港。我国沿海主要港口：大连港、营口港、秦皇岛港、天津港、烟台港、青岛港、日照港、连云港、上海港、南通港、苏州港、镇江港、南京港、宁波港、舟山港、温州港、福州港、厦门港、汕头港、深圳港、广州港、珠海港、湛江港、防城港、海口港。内河主要港口：哈尔滨港、佳木斯港、济宁港、徐州港、无锡港、泸州港、重庆港、宜昌港、荆州港、武汉港、黄石港、长沙港、岳阳港、南昌港、九江港、芜湖港、安庆港、马鞍山港、合肥港、蚌埠港、杭州港、嘉兴港、湖州港、南宁港、贵港港、梧州港、肇庆港、佛山港。内陆港，则是指在内陆城市依照国内有关运输法规、条约和惯例设立的对外开放的国内商港，一般作为地区性货物集散中心，通常为海（河）对外港口功能在内陆城市的延伸。

（3）**铁路车站及枢纽**。

按设计速度可分为高铁站、快铁站、城铁站和普铁站。高铁站，是指设计速度>250公里/小时、运行动车组列车、初期运营速度≥200公里/小时的客运专线铁路车站。快铁站，是指设计速度为160~250公里/小时的各类铁路（快速铁路）车站。城铁站，是指专门服务于相邻城市间或城市群，设计速度≤200公里/小时的快速、便捷、高密度客运专线铁路车站。普铁站，是指客货列车共线运营、旅游列车设计行车速度≤200公里/小时的铁路车站。

按功能可分为客运站、口岸站、编组站、工业站、港湾站和铁路物流中心。客运站，是指主要办理客运业务的车站。口岸站，是指在国家指定对外往来的门户地点设置的车站，是一种特殊的国际客货运输节点车站。编组站，是指为办理大量货物列车解体、编组作业而设置的车站。工业站，是指为有大量装卸作业的工业企业外部铁路运输服务的车站。港湾站，是指为有大量装卸作业的港口外部铁路运输服务的车站。铁路物流中心，是指依托铁路，具备完善信息网络，为社会或企业提供物流服务的场所；具有物流功能健全、聚集辐射范围大、存储吞吐能力强等特点。

（4）**公路汽车站（长途汽车站）**。主要有长途客运站、货运站、混合站等。

◆ 不同功能区的道路间距推荐值

类别		道路间距（米）
居住区		≤300
商业区与就业集中的中心区		100~200
工业区、物流园区	生产型	≤600
	服务型	≤300

◆ 地块主出入口与各等级道路之间的设置要求

主要客流方向所处道路等级	是否设置主出入口	交叉口间距要求（米）
快速路	禁止	—
主干路	应设置	140~200
次干路	可设置	60~160
支路	仅作为次出入口考虑	—

◆ 道路网密度要求

路网等级	对应项目		道路网络密度要求（千米/平方千米）	备注
干线道路	规划总人口 50 万~100 万人		1.3~1.8	包括快速路和主干路
	规划总人口 20 万~50 万人		1.3~1.7	
	规划总人口<20 万人		1.5~2.2	
集散道路与支线道路	居住区		≥8	包括次干路和支路
	商业区与就业集中的中心区		10~20	
	工业区、物流园区	生产型	≥4	
		服务型	≥8	

◆ 绿道分类选线指引

分类	依托资源		绿道选线
城镇型（建设用地范围内）	道路	现有非机动车道路、废弃铁路、古道等	依托路侧绿带，绿道游径宜从路侧绿带中穿过，完善休闲等功能
	水系	城镇河流、湖泊、湿地、海岸、堤坝等	串联滨水绿地，促进城镇滨水区环境改善与功能开发，充分利用现状堤坝、桥梁等，在保证排涝除险、防洪及安全的前提下营造亲水空间
	绿地	公园绿地、广场，适宜游人进入的防护绿地，以及城镇用地包围的其他绿地等	优先连接公园绿地、广场等城市开放空间，合理疏导人流，满足交通安全、集散及衔接需求

续表

分类	依托资源		绿道选线
郊野型（建设用地范围外）	道路	废弃铁路、景区游道、机耕道、田间小径等以游憩和耕作功能为主的交通线路	选线应不影响道路原有功能的发挥，避免占用农田或破坏庄稼、果树等
	水系	自然河流、湖泊、水库、湿地、海岸、堤坝等	选线顺应水系走向，在满足排涝除险、防洪及安全要求的前提下营造亲水空间
	林地	山地、平原等	选线顺应地形地貌，充分利用现有登山径、远足径、森林防火道等，减少新建绿道对生态系统及自然景观的破坏

5）表达形式

结合观点性文字以图纸形式分类别表达，主要要求如下。

类别		图纸表达要求		文字表述要求
对外交通		A-1	清晰表达已有和新增的对外交通设施	主要描述规划新增/优化的对外交通设施，以及其对项目对外交通条件的影响
		A-2	清晰表达交通线路通往的城市/地区、各层面的客流引入路径	
内部交通	道路系统	B-1	清晰表达规划路网的结构和等级	明确规划采用的路网结构、各道路的功能等级和红线宽度、道路网密度
	公共交通	B-2	清晰表达地铁、轻轨的线路和站点，以及公交车首末站的位置	主要描述轨道线的数量、位置和联系的主要城市功能区，轨道站点的位置和数量，公交首末站的数量和面积
	慢行交通	B-3	清晰表达各类慢行交通的线路网和静化设施位置	主要描述各慢行交通线路的特点及联系的主要功能区
	停车系统	B-4	清晰表达社会停车场的位置	明确采用的人均指标以及社会停车场的规模
特色交通	水上交通	清晰表达各类水上交通的线路和客运码头位置		主要描述规划设置的客运码头数及线路对项目内外主要功能节点的联系
	货运交通	清晰表达货运道路的分布、与主要功能区（工业区/仓储区/居住区等）的关系		明确货运交通的结构，与客运交通之间的关系
	新基建	清晰表达新型交通方式的示范区位置，以及充电桩等新基建设施的位置		主要描述示范区的范围，以及新基建设施的数量

6）实例说明

◆ 对外交通

以下是中交扬州智能生态小镇项目的对外交通规划分析。该案例清晰表达了项目周边的主要站场和高速公路，以及与周边主要城市及邻近镇区的联系情况；并提出依托“三纵两横”的片区干道，优化项目的客流引入路径。若案例能补充宁通城际铁路与连淮扬镇铁路所联系的主要城市，以及项目与扬州、镇江中心城区的关系，则其分析规划会更周密全面。

借助规划宁通城际铁路的扬州南站和扬州东站等站点、宁通高速公路联系南京、上海、南通、泰州等城市，使项目片区与周边核心城市形成便捷的交通联系。

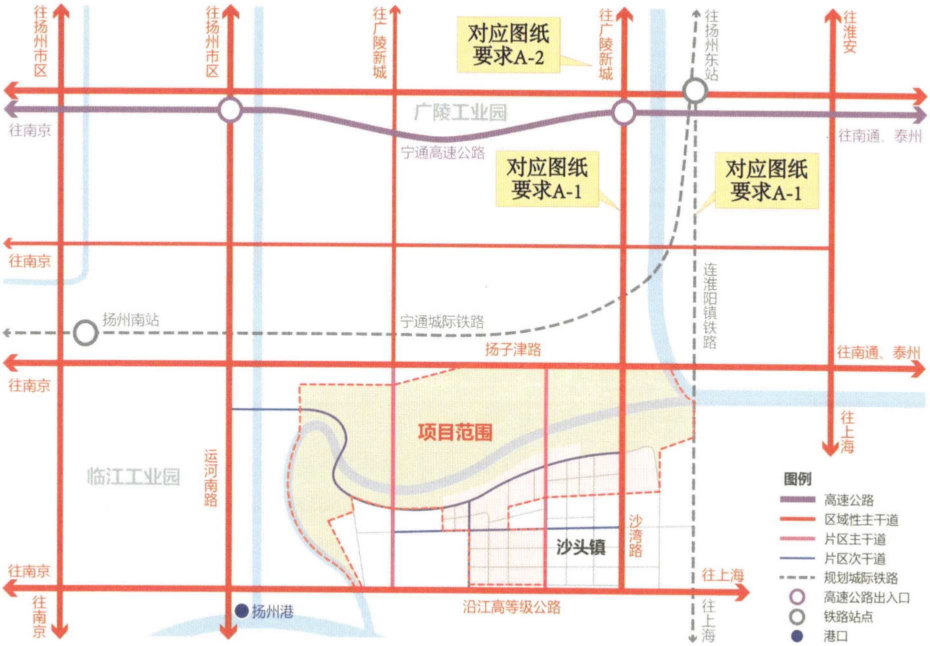

对外交通规划图[1]

[1] 图中黄色标注框所示对应的是本项第 5 点表达形式的图纸要求。

规划“三纵两横”的片区干道对接扬子津路、沿江高等级公路[1]、沙湾路和运河南路等区域性干道，使项目便捷通达周边地区各个方向，联系扬州市区、广陵新城、临江工业园、广陵工业园等周边其他城市组团。

◆ 内部交通

以下是三水西南水韵职教小镇项目的内部交通规划分析，涵盖了道路系统、公共交通、慢行交通和停车系统4个方面。重点可参考该案例在路网布局、公共交通及停车设施、慢行交通等方面的表达。就道路系统来看，该案例的道路网布局与现状道路形成了较好衔接，道路间距基本匹配用地功能需要；若道路的等级设置与衔接方式能更充分考虑主要客流方向，道路红线宽度在落实上位规划的基础上考虑满足公共开放空间营造的需要，则其道路系统方案会更好地支持规划功能的发挥。就公共交通来看，公交首末站结合商业中心设置，并清晰表达了有轨电车的线路、站点以及公交首末站的位置。就慢行交通来看，其布局与公共开放空间有较好的结合，并串联起项目范围内的主要功能节点；若能补充驿站等静化设施的设置，则其规划会更成体系。就停车系统来看，规划的主要功能节点均设置有社会停车场；但据估算，项目范围内的居住人口达6.5万人，该案例社会停车场的总用地规模偏低。

路网布局：主要在原县道X523及其他村道的基础上进行拓宽，并顺应现状地形进行组织。采用环状路网相互嵌套的结构，东西两片区路网相对独立，以尽量减少与城市快速路的交口。为加强东西片区之间的交通联系，在省道S269上设立2处立交桥。

道路宽度：落实上位规划，主干路道路红线设计为30米，次干路主要设计为24米、20米，支路主要设计为12米、7米。

交通设施：规划设置8处社会停车场、2处公交首末站、1处有轨电车站点。

慢行交通：依托道路两侧的绿道、滨水步行空间及山体步道，串联各大功能板块，为片区内居民出行提供绿色舒适的空间。

[1] 该项目编制时，沿江高等级公路尚未升级为省道S356。

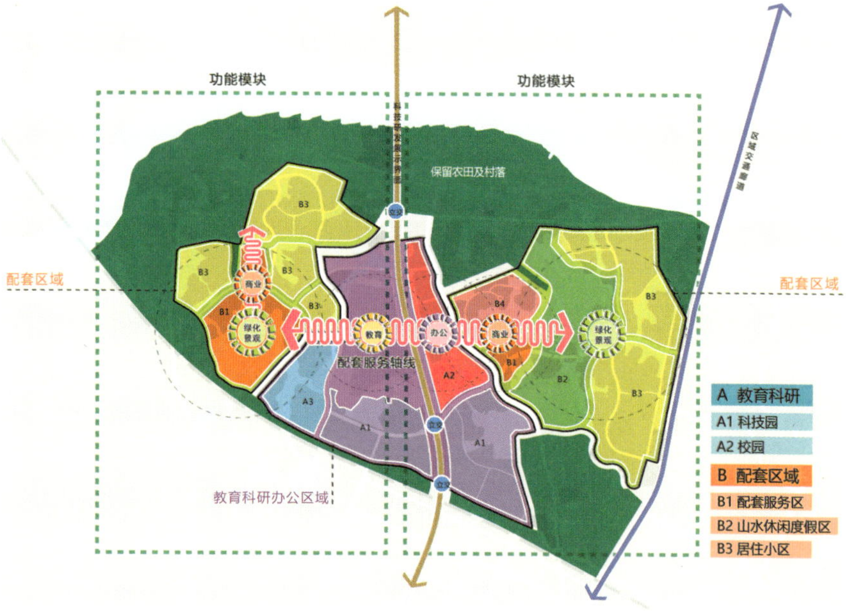

空间结构规划图

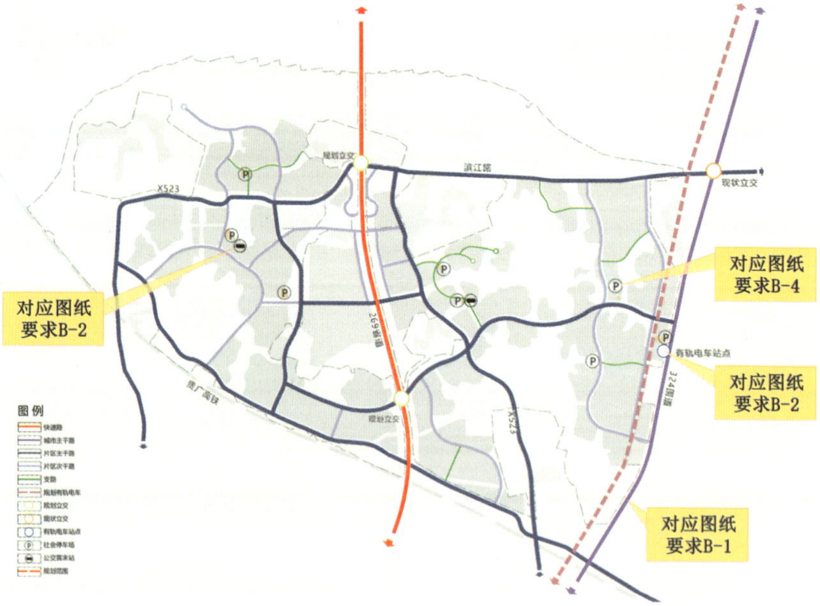

道路交通规划图[1]

[1] 图中黄色标注框所示对应的是本项第 5 点表达形式的图纸要求。

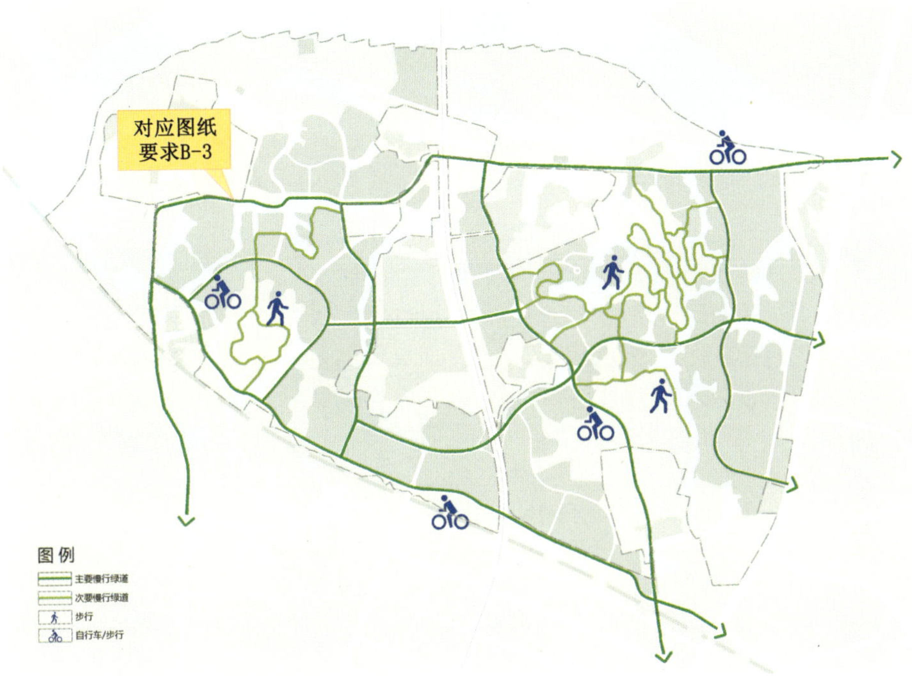

慢行交通规划图[1]

以下是宁波奉化城市转型示范区（中交未来城）项目的内部交通规划分析，是对现行控规道路交通规划的优化方案。该案例结合项目规划的功能布局对道路系统做出梳理分析，并就道路线型、等级和间距等方面对现行控规做出调整优化。重点可参考其在道路网密度方面的表达。

路网优化：落实小街区、密路网的要求，适当加密支路网；中部核心组团减少过境交通干扰，降低方欣路等级，并将其打造为中交未来城形象展示大道。

[1] 图中黄色标注框所示对应的是本项目第5点表达形式的图纸要求。

N
市域轨道K1线
图例
快速路
主干路
次干路
支路
互通式立交
轨道线及站点示意
市域轨道 K1 线
现状电力架空线
规划范围

控规道路交通规划图

N
0 100 250 500m
恒兴东路
儒江路
东环路
北仓路
常浦路
盛源路
汇诚中路
方欣路
山隍路
计然路
顺浦路
葭浦路
聚宝路
汇盛路
四明路
图例
快速路
主干路
次干路
支线
市域轨道K1线
互通式立交
机场
火车站
规划范围

道路交通规划图

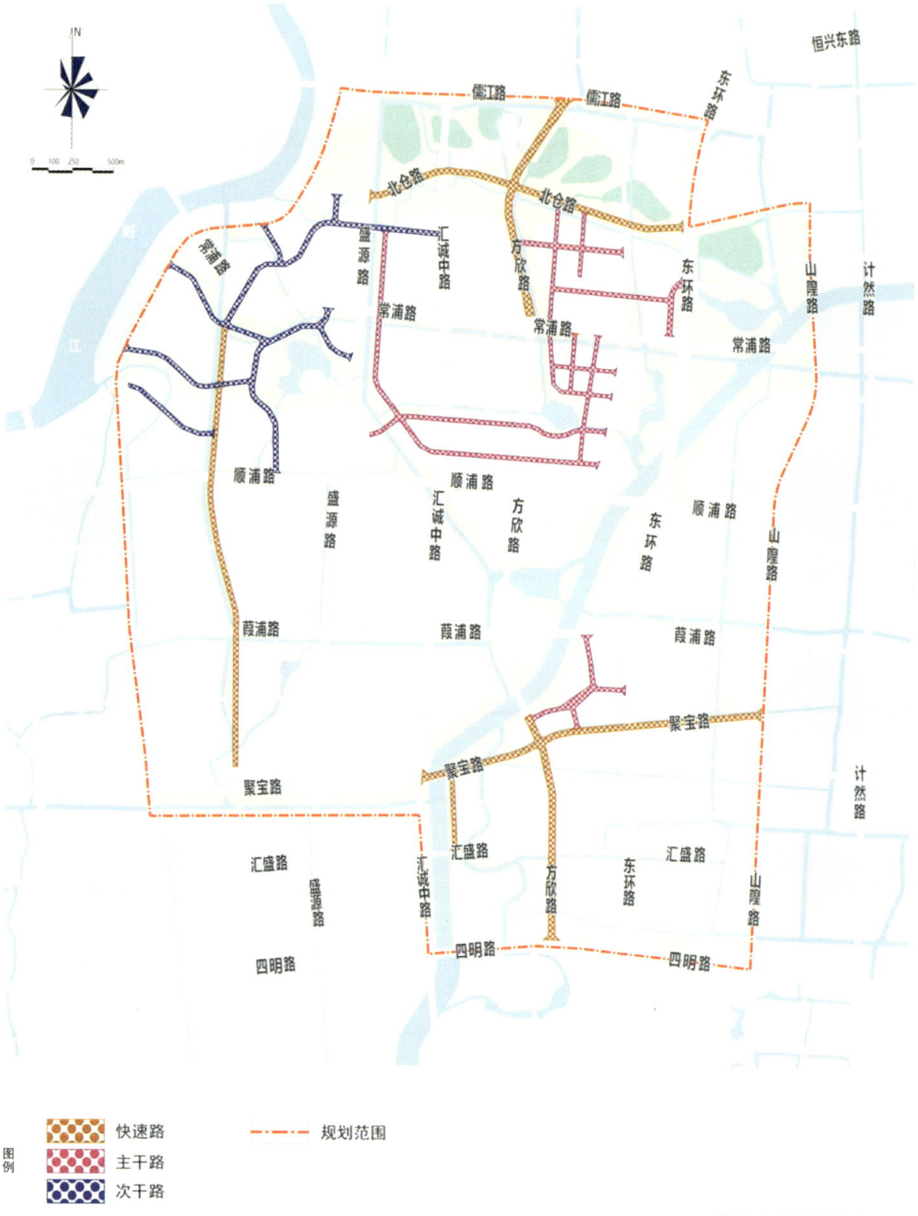

道路交通规划分析图

道路交通规划分析图

道路交通整治类型分类表

调整类型	道路类型	道路/片区名称
保持线型不变	快速路	东环路
		四阳路
	主干路	儒江路
		汇城中路
		顺浦路
调整线型	次干路	方欣路
		聚宝路
		北仓路
降低道路等级	次干路	方欣路
加密路网	支路	金融岛片区
		健康绿洲片区
局部调整支路网	支路	城市之眼片区
		体育公园片区
		院校片区

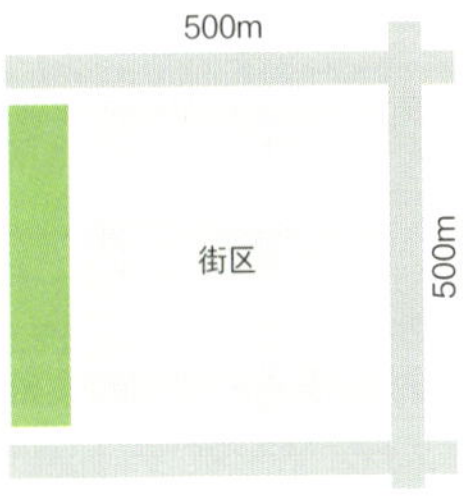

街区模式规划图

◆ 特色交通

以下是成都市温江区永宁片区（医学城B区）综合开发项目的特色交通规划分析，主要通过划定特色交通示范区范围，围绕新基建进行规划布局。

落实新基建应用，打造智慧服务示范体验区；结合商业用地和服务设施用地建设新能源汽车充电桩，打造新能源汽车充电服务节点；围绕医养服务集中区，设置升级版无人驾驶试验区。

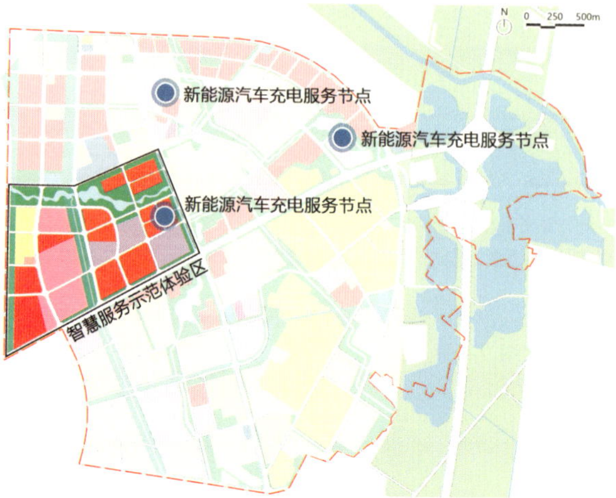

智慧服务示范体验区和新能源汽车充电服务节点位置示意图

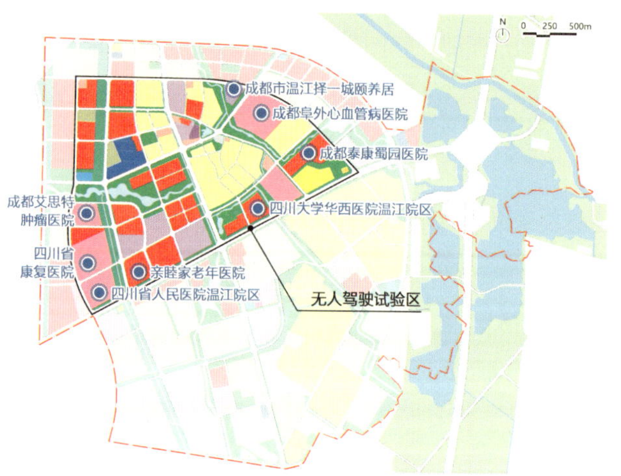

无人驾驶试验区位置示意图

9 居住用地

1）概念理解

居住用地，是指城乡建设用地范围内各类住宅和相应服务设施的用地。其中，相应服务设施的用地包括居住小区及小区级以下的附属道路和停车场、配建绿地、社区和便民服务设施等的用地，不包括居住区级别配套建设的生活服务设施用地（A/B/U/S4）、公共绿地（G1/G3）、城市道路用地（S1）。

2）管控目标

在营造宜人居住环境的基础上，提升土地市场价值，在有限的居住用地规模下尽可能提高土地出让收益，为二、三级联动提供优质的发展条件。

为保障城市职能的有效发挥以及项目的投资收益，项目规划的居住用地总量占项目总用地的比例（包括R居住用地、BR商住用地）需控制在一定范围内（详见3.3－4用地方案的技术指引），以避免居住用地过多而形成产业发展动力不足的“卧城”、超过市场需求而难以去化，也避免居住用地过少而导致产业发展的生活配套支持不足、可出让规模不足而造成投资利益损失。

3）管控要点

重点从居住用地选址、配套用地布局、交通组织3个方面进行技术管控。

（1）**居住用地选址**。现状开发条件应符合居住功能特性，包括但不限于以下方面。①选择自然环境优良的区域。如尽量接近水面和风景优美的环境，位于丘陵地区时选择向阳、通风的坡面布置。②满足安全性要求。如选择工程条件合适的区域，避开易受滑坡、泥石流、洪水等自然灾害威胁的地段；与危险化学品及易燃易爆品等危险源保持符合国家规定的安全距离；对于土壤污染地段（例如原用途为二类/三类工业用地，经评估为污染地段的），需采取治理和修复措施才能规划建设居住用地。

居住用地布局应考虑：将居住用地相对集中布局，便于生活服务设施更经济有效覆盖；将居住用地靠近商业用地布置，以减少居住－消费的出行距离；居住用地与商务用地/新型产业用地尽量邻近布置，以减少居住－就业的出行距离。

应注意避免与对居住有不良影响的功能地块相邻布置，包括但不限于以下方面。①避免污染影响。如避免与二类/三类工业用地、污水处理厂等具有污染性的设施用地相邻；居住用地在接近工业区时，应选择将其布置在常年主导风向的上风向，并按规定与工业区保持必要的防护距离。②避免噪声影响。如尽量避免邻近高架桥、噪声较大的工业用地等。

当原居民需在项目范围内安置时，应注意安置区在获得原居民认可的基础上，尽量选择土地溢价较低、土地开发条件与动迁时序相匹配的区域。

（2）**配套用地布局**。应注意分级组织，结合连片居住用地的尺度与人口规模情况，相对居中并集中布局相应级别的公共绿地、配套设施用地和交通设施用地（参见本项第4点技术指引）。

（3）**交通组织**。居住用地应与商业用地、产业用地等消费和就业功能区域保持密切联系，应有效组织居住－消费、居住－就业的交通流线。

4）技术指引

根据《城市居住区规划设计标准》（GB 50180—2018），基于居民在合理的步行距离内能满足基本生活需求的原则，应按15分钟生活圈居住区、10分钟生活圈居住区、5分钟生活圈居住区、居住街坊四级对配套设施分级配置与布局。其中，居住街坊配套设施为便民服务设施（R11/R21/R31），在概念规划或控制性详细规划中一般无须划出独立用地，故不对其提出设置要求。

级别	级别划分依据（优先考虑人口规模）			配套用地要求
	居住人口（万人）	步行距离（米）	围合方式	
15 分钟生活圈居住区	5~10	800~1 000	一般由城市干路或用地边界线围合	集中设置、相对居中布局公共绿地（G 类用地，详见 3.3－7 绿地水系的技术指引）和公共服务设施（A 类/B 类用地，详见 3.3－11 公共服务设施的管控要点）
10 分钟生活圈居住区	1.5~2.5	500	一般由城市干路、支路或用地边界线围合	集中设置、相对居中布局公共绿地（G1，详见 3.3－7 绿地水系的技术指引）、公共服务设施（A 类/B 类用地，详见 3.3－11 公共服务设施的管控要点）和交通场站设施（S4）
5 分钟生活圈居住区	0.5~1.2	300	一般由支路及以上城市道路或用地边界线围合	集中布局公共绿地（G1，详见 3.3－7 绿地水系的技术指引）和社区服务设施（R12/R22/R23，详见 3.3－11 公共服务设施的管控要点）

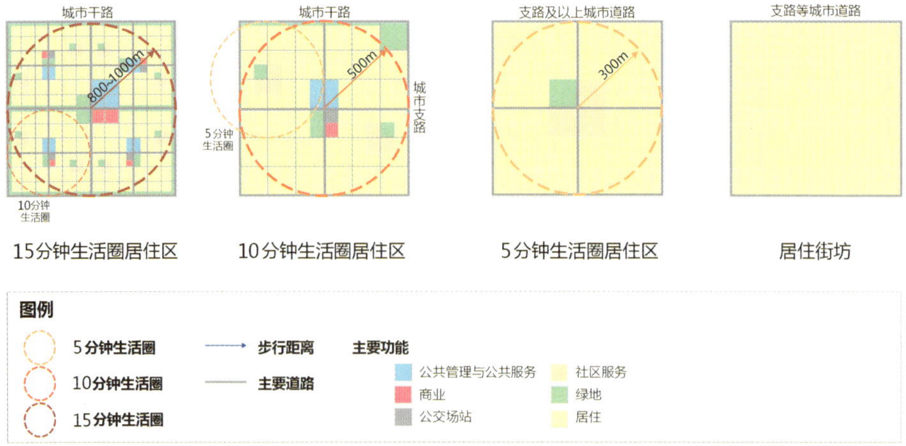

5）表达形式

建议采用文字说明结合图纸的形式来表达，主要要求如下。

文字应描述各类居住用地的分布情况、面积，安置区/政策保障性住房（如有）的位置、面积及占居住用地总面积的比例，各居住社区的发展指引（视情况）等；

图纸不强制要求独立表达，可根据实际需要而定。独立表达时，需突出表达居住用地，其余表达要素和用色要求可类比参照3.3 – 4用地方案的图纸表达要求。

6）实例说明

以下为宁波奉化儒江路以南地段控制性详细规划项目对规划居住用地的分析。该案例在保留现状集中安置区的基础上，结合TOD枢纽、商业用地、新型产业用地的布置规划了几处相对集中的居住用地，并适当选择邻近水系环境优良的区域布局，对几处居住用地的开发策略也进行了分析。案例结合居住用地的规模尺度，对公共绿地、社区服务设施等配套用地进行了分级布置，居住用地与商业用地、新型产业用地之间通过主次干路和支路形成了较便利的交通联系。

规划居住用地约372.43公顷，占规划建设用地的27.59%，人均居住用地约23.4平方米。其中二类居住用地约366.21公顷。

规划保留现状镇亭家苑安置点，规划居住用地主要位于东环路两侧、沿剡江片区及规划区北侧。其中东环路两侧居住用地是TOD商住综合开发区的重要组成部分，倡导以公共交通为导向的较高强度开发；而在沿剡江片区及规划区北侧居住用地，则将打造以邻里水乡为特色的高端宜居社区。

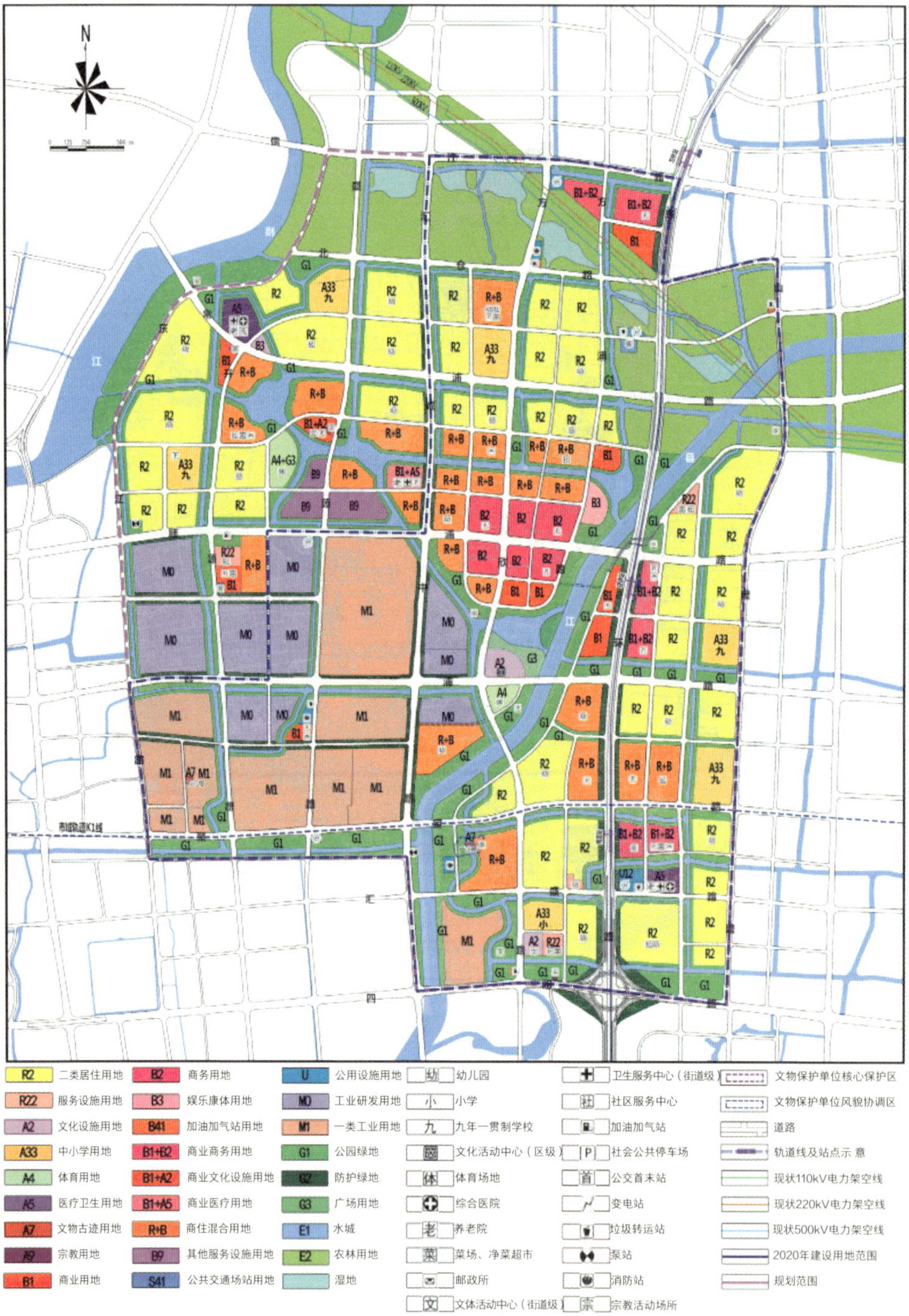

用地规划图[1]

[1] 无单独的居住用地规划图。

10 产业用地

1）概念理解

产业用地，是为适应特定行业的发展需要而提出的城市用地分类，主要包括传统（普通）产业用地、新型产业用地和服务业用地。

传统（普通）产业用地即《城市用地分类与规划建设用地标准》（GB 50137—2011）中规定的工业用地（M）和物流仓储用地（W），其下按用地对居住及公共环境的干扰污染程度由小到大划分一、二、三类用地（M1、M2、M3/W1、W2、W3）。

新型产业用地是指用于研发、创意、设计、中试、检测、无污染生产等环节及其配套设施的用地，常见为M0用地，也有采用M4（工业研发用地）、Mx/Ma（生产研发用地）、B类用地等情况。

服务业用地主要为商务设施用地（B2）和娱乐用地（B31），商务设施用地是指提供金融保险、艺术传媒和技术服务等生产性服务的综合性办公用地，娱乐用地主要是指游乐场、海洋馆等大型娱乐设施用地。

2）管控目标

形成匹配产业链群发展、满足企业入驻需求的产业用地布局，为二、三级联动提供优质的发展条件。

3）管控要点

重点从产业用地选址、产业组团关系、用地性质选择3个方面进行技术管控。

（1）**产业用地选址**。技术要求因产业用地类型而异。

传统（普通）产业用地。选址处的工程条件应满足产业生产、运输、安全等要求，包括但不限于：①地形方面，应将利用重力运输的水泥厂、选矿厂等设于山坡地，将其余产业用地设于坡度为2%以下的平坦地区；②水文方面，远离洪水淹没或地下水位较高地区；③水源方面，造纸、纺织、化纤等用水量较大的工业应邻近水源布置，食品工业等对水质有要求的应邻近优质水源。选址应邻近能源供应地，位于货运交通便利区域；适宜用地连片成规模、形状规整。应注意避免将具有干扰、污染或安全隐患的工业用地或物流仓储用地，布置于生活组团的相邻处或上风上水位。

新型产业用地。应选址于城市或项目的中心区外围或教育科研功能集中区，注意邻近地铁及轻轨站点等公共交通便利处。

服务业用地。应将其置于城市或项目中心区或商业集中区域内，选址于内外交通相对便捷的区域。

（2）**产业组团关系**。应注意结合产业链，按组群方式相对集中布局，促进生产协作与产业集聚，包括但不限于：将具有产业链上下游关系的产业组团邻近布局；将工业用地与连片成规模的物流仓储用地邻近布局。对于污染大的产业用地，应注意就近集中布局，利于集中进行污染处理。合理组织交通流线，减少货运交通对其他城市功能的影响。

（3）**用地性质选择**。应注意结合项目当地政策及实施情况以及财务分析情况，合理确定相应类别产业用地的用地性质。主要考虑存在以下因素：部分地区不设M0用地，则新型产业用地功能可能会由B类等性质用地来承担；不同性质用地的土地单价差异较大，一般情况下单价从高到低依次为B1、B3、M0/W0、M1~M3/W1~W3。

Tips

关于新型产业用地适用的产业以及用地性质等要求，应以项目所在地区出台的政策文件或管理办法为准。其文件通常会对新型产业用地的适用地区、准入门槛（产业分类、投资强度、税收贡献、工业产值贡献等）、用地代码、容积率、配套用房占比、是否允许分割转让等做出规定。

相关文件常见关键词有新型产业（发展）用地/科创产业用地/创新型产业用地/工业及科技研发用地，产业项目/工业项目，实施意见/办法/细则，管理办法/通知/意见，资格准入/准入退出，如《成都市人民政府办公厅关于加强新型产业用地（M0）管理的指导意见》《临沂市新型产业用地管理暂行办法》《宁波市产业用地标准（2018年试行版）》等。

4）表达形式

不强制要求独立表达产业用地情况，可与功能布局规划整合，具体根据实际需要而定。独立表达时，建议采用文字说明结合图纸的形式来表达，主要要求如下。

文字应描述各类产业组团（片区）的布局、规模、对应的产业功能定位等。

图纸需突出表达产业功能组团，明确标示各组团的产业功能定位；其余表达要素和用色要求可类比参照3.3－4 用地方案的图纸表达要求。

5）实例说明

以下为四川省成都天府新区总体规划对产业用地的分析。该案例的产业用地选址结合了现状产业基础、产业功能区划分、产业用地拓展方向、工业与城市生活组团的关系等因素，总体上将制造业用地布局在规划区两翼的外围地带、集中连片形成一定规模，创新产业用地结合先进制造、商务、科研等用地布局，物流用地则结合航空、铁路、公路等设施集中布局。该案例在重点产业用地选址布局方面，分析了产业特性、产业与城市的关系、产业对交通的要求，例如将生物医药产业用地布置在城市的下风下水区域，新能源产业用地与城市保持适当距离，汽车产业用地就近配套研发（创新产业用地）等。

■ **工业用地与研发用地**

现状工业及研发用地面积约 42 平方公里，主要分布于龙泉驿、高新区、西航港和成眉合作地区。规划根据经济规模发展目标与产业地均产出，确定规划工业用地总面积为 167 平方公里，占规划城镇建设总用地面积的 25.7%。其中先进制造业用地主要分布在两翼的产业区内，规划面积 97 平方公里；创新产业用地结合各产业功能区布局，规划面积 70 平方公里。

按照“产业高端、布局集中”的原则，根据产业区划分，逐步引导现状工业用地从城市核心地区向外围制造业基地集中。

空港经济开发区内重点落位电子信息产业用地、新能源产业用地。依托现状华阳的电子信息产业集聚区、西航港产业区以及成都新能源产业功能区的整合，形成以电子信息、新能源装备制造等为代表的高技术产业集聚。

成眉战略新兴产业区内重点落位新材料产业用地、生物医药产业用地、节能环保产业用地。依托现状成都新材料产业功能区（新津）和新材料工业园，结合新津向眉山产业用地拓展方向，形成以新材料、生物医药、节能环保等为代表的战略新兴产业集聚。

成都经济技术开发区内重点落位汽车产业用地、航空航天装备产业用地，依托经济技术开发区和龙泉老城布局，同时强调与资阳的交通联系，支撑跨山联动发展的格局，形成以汽车、航天航空、工程机械等为代表的高端制造业产业集聚。

南部现代农业产业区内重点落位农副产品深加工产业用地。结合现状乡镇布局，重点发展都市农业科技服务、农副产品深加工、生物技术等。

新川创新科技园内重点落位独立科技研发用地。结合良好的自然环境，重点发展企业创新、科技成果转化、孵化中试等知识生产功能。

■ 物流用地

按照“三园区三中心”格局打造区域性物流中心，规划物流用地共 15 平方公里。在空港经济开发区、成都经济技术开发区、南部现代农业产业区和成眉战略新兴产业区内依托航空、铁路、公路等设施集中布局，包括航空物流园区、新津物流园区、青龙物流园区、龙泉物流中心、双流物流中心及南部物流中心。

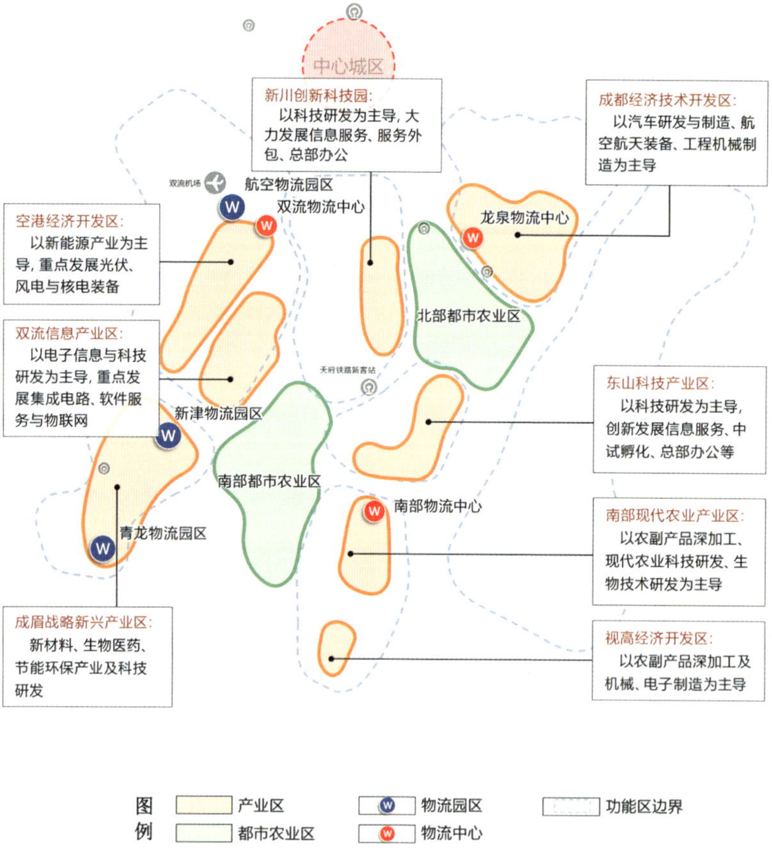

产业布局规划图

11 公共服务设施

1）概念理解

公共服务设施，是指为项目范围内乃至项目周边地区的居民提供的规模相匹配的公共性服务产品的各类设施。

2）管控目标

形成分级设置、适度超前、均衡布局、匹配地方需求的公共服务设施体系，营造高品质营商及生活环境，助力项目品牌形象构建，从而带动项目土地价值提升，加速投资资金回正。

3）管控要点

按照公共服务设施的级别分类管控。

（1）**区域统筹级**。是指根据相关规划或项目愿景定位需配置的市级、区级或地区级公共服务设施（具体要求参见本项第4点技术指引）。

文化设施（承载该类设施的用地类型为A2）应选择配置规模合适的文化馆、图书馆、会展中心、博物馆、科技馆、美术馆等。

教育设施（承载该类设施的用地类型为A3）应选择配置规模合适的高等院校、中等专业技术学校（中专）、职业培训机构（职校）、高中、完全中学、特殊教育学校等。

体育设施（承载该类设施的用地类型为A4）应选择配置规模合适的体育场、体育馆、游泳馆、全民健身中心等。

医疗卫生设施（承载该类设施的用地类型为A5）应选择配置规模合适的综合医院、中医医院、专科医院等。

社会福利设施（承载该类设施的用地类型为A6）应选择配置规模合适的养老院、老年养护院、儿童福利院、综合社会福利院等。

商业金融中心（承载该类设施的用地类型为B1）应集中布置规模总量合适的大型购物中心、星级酒店等商业金融设施。

娱乐康体设施（承载该类设施的用地类型为B3）应选择配置规模合适的剧院、音乐厅等。

（2）**社区级**。可分为居住型社区、新型产业社区和生产型社区3类差异化设置（具体要求参见本项第4点技术指引）。

①居住型社区，是指居住用地相对集中、连片用地规模在8公顷以上的地区，需根据服务规模或服务半径设置片区服务中心、小区服务中心、组团服务中心。

片区服务中心与15分钟生活圈相匹配，应保证每5万~10万人（或半径800~1 000米）在交通便利的中心地段集中设置1处；公共管理与公共服务设施（承载该类设施的用地类型为A类）按1 250~2 360平方米/千人控制用地面积（不含小区和组团服务中心的指标），必须包括社区服务中心（街道级）、街道办事处、司法所等管理设施（承载该类设施的用地类型为A1），文化活动中心等文化设施（承载该类设施的用地类型为A22），初中等教育设施（承载该类设施的用地类型为A33），卫生服务中心（社区医院）、门诊部等医疗设施（承载该类设施的用地类型为A5）；商业服务业设施（承载该类设施的用地类型为B类）按350~550平方米/千人控制用地面积（不含小区和组团服务中心的指标），必须包括商场、餐饮等商业设施（承载该类设施的用地类型为B1）和公用设施营业网点（承载该类设施的用地类型为B4）。

小区服务中心与10分钟生活圈相匹配，应保证每1.5万~2.5万人（或半径500米）在交通便利的中心地段集中设置1处；公共管理与公共服务设施（承载该类设施的用地类型为A类）按1 890~2 340平方米/千人控制用地面积（不含组团服务中心的指标），必须包括小学（承载该类设施的用地类型为A33）和中型多功能运动场地（承载该类设施的用地类型为A4/G1）；商业服务业设施（B类）按20~240平方米/千人控制用地面积（不含组团服务中心的指标），必须包括商场、生鲜超市、餐饮等商业设施（承载该类设施的用地类型为B1）和公用设施营业网点（承载该类设施的用地类型为B4）。

组团服务中心与5分钟生活圈相匹配，应保证每0.5万~1.2万人（或半径300米）在交通便利的中心地段集中设置1处；社区服务设施（R12/R22/R23）按1 710~2 210平方米/千人控制用地面积，必须包括社区服务站、幼儿园、文化活动站、小型多功能活动场地、室外综合健身场地、托老所、社区商业网点。

②新型产业社区，是指科研、商务等生产性服务功能用地相对集中的

地区，应按照服务半径1 000~1 500米邻近绿地设置产业邻里中心，可与居住型社区片区服务中心结合布置，宜独立用地。设施用地类型为B1/B9，必须包括人才服务站、社区创新屋（创新创业交流、辅导空间）、商务洽谈空间、小型产业博览馆、社区商业网点等，还可结合社区的特色产业设置专业培训学校、专业图书室，在规划外籍人士较多或国际活动较多的社区设置国际交流吧。

③生产型社区，是指工业、物流仓储等生产储运功能用地相对集中的地区，应按照服务半径1 000~1 500米邻近绿地设置工业便利中心，可与居住型社区的片区服务中心结合布置，应独立用地，每处用地面积为2~5公顷。设施用地类型为B1，必须包括零售商业、餐饮、金融网点等基本商业设施。

Tips

若项目所在地区有地方出台的城乡规划技术规定/标准，则应依据相应的技术规定/标准配置公共服务设施，如《广州市城乡规划技术规定》《成都市基本公共服务圈规划编制标准及要求》《成都市产业功能区产业社区高品质公共服务标准配置指南（2020年版）》。

4）技术指引

◆ 区域统筹级公共服务设施设置指引

文化设施（承载该类设施的用地类型为 A2）				
设施名称	规模分类	服务人口（万人）	用地规模（公顷）	备注
文化馆	大型（建筑面积≥0.6 万平方米）	>300	0.6~1.0	服务半径≤15.0 公里
		100~300	0.5~0.8	服务半径≤10.0 公里
		50~100	0.45~0.60	服务半径≤6.0 公里
	中型（建筑面积 0.4 万~0.6 万平方米）	20~50	0.35~0.50	服务半径 3.0~4.0 公里
	小型（建筑面积 0.2 万~0.4 万平方米）	5~20	0.2~0.4	服务半径 1.5~2.0 公里

续表

设施名称	规模分类	服务人口（万人）	用地规模（公顷）	备注
图书馆	大型（服务半径≤9 公里）	500~1 000	3.5~8.0	地块容积率≥1.5
		400	2.7~3.8	地块容积率≥1.4
		300	2.0~3.0	地块容积率≥1.3
		150~200	1.1~2.2	地块容积率≥1.2
	中型（服务半径≤6.5 公里）	90~120	0.9~1.3	地块容积率≥1.2
		60~80	0.7~1.0	地块容积率≥1.1
		30~50	0.45~0.75	地块容积率≥1.0
	小型（服务半径≤2.5 公里）	10~20	0.2~0.5	地块容积率≥0.9
		5	0.12~0.15	地块容积率≥0.8
会展中心	—	>1 000	40~200	—
博物馆	特大型	>500	3.0~12.0	—
	大型	300~500	2.0~5.0	
	中大型	100~300	1.0~2.0	
	中型	50~100	0.8~1.5	
	小型	<50	0.5~1.0	
科技馆	特大型	>500	5.6~12.0	—
	大型	300~500	2.8~5.6	
	中型	100~300	1.1~2.8	
	小型	50~100	0.7~1.1	
美术馆	特大型	500~1 000	2.64~4.2	地块容积率为 0.6~1.5
	大型	300~500	1.8~2.64	
	中大型	100~300	0.65~1.8	
	中型	50~100	0.38~0.65	
	小型	10~50	0.18~0.38	

教育设施（承载该类设施的用地类型为 A3）				
设施名称	办学规模/类别	服务人口（万人）	用地规模（公顷）	备注
高等院校	一般院校 （0.5 万~2 万生）	—	27~108	用地规模按照≥54平方米/生测算
	体育院校 （0.3 万~0.8 万生）	—	16.2~43.2	
	艺术院校 （0.2 万~0.8 万生）	—	10.8~43.2	
中专/职校	—	10~40	4~6	—
高中 （完全中学）	60 班	10~20	5.4~9.0	用地规模以当地规划技术规定或中学办学/建设标准为准
	54 班	8~10	4.86~8.10	
	48 班	7~8	4.32~7.20	
	42 班	6~7	3.78~6.30	
	36 班	5~6	3.24~5.40	
	30 班	4~5	2.7~3.3	
	24 班	3~4	2.16~2.64	
	18 班	2~3	1.62~1.89	
特殊教育学校	27 班	—	2.6~3.0	分为盲校、聋校、培智和综合类特殊教育学校 4 类
	18 班	—	2.0~2.3	
	9 班	—	1.4~1.6	

体育设施（承载该类设施的用地类型为 A4）				
设施名称	座席数（千座）	服务人口（万人）	用地规模（公顷）	备注
体育场	20~40	100~300	15.61~20.79	—
	10~20	50~100	6.34~8.64	服务半径 4~6 公里
	≤10	20~50	5.19~6.34	服务半径 3~4 公里
体育馆	6~15	100~300	3.55~7.28	—
	3~6	50~100	1.99~3.25	服务半径 4~6 公里
	≤3	20~50	1.44~1.99	服务半径 3~4 公里
游泳馆	3~4	100~300	2.48~3.69	—
	1~3	50~100	1.63~2.48	服务半径 4~6 公里
	≤1	20~50	1.0~1.63	服务半径 3~4 公里
全民健身中心	—	5~10	0.12~1.5	—

医疗卫生设施（承载该类设施的用地类型为 A5）				
设施名称	床位数（床）	服务人口（万人）	用地规模（公顷）	备注
综合医院	1 000	15~20	11.0~12.0	服务人口最终依据当地千人指标床位数指标进行测算；地块容积率一般为 1.0~1.5，最高不超过 2.5
	900	13~18	10.0~11.0	
	800	11~14	8.9~9.7	
	700	10~12	8.0~8.6	
	600	8~10	6.8~7.4	
	500	7~8	5.8~6.0	—
	400	5~6	4.6~5.0	
	300	4~5	3.6~3.8	
	200	3~4	2.3~2.5	
中医医院	500	7~10	≤7.3	每千人口中医床位数按 0.55~0.65 张床测算；地块容积率一般为 0.6~1.5，最高不超过 2.5
	400	6~8	3.5~5.5	
	300	4~6	3.0~4.0	
	200	3~4	1.5~2.5	
	100	1~2	0.8~1.2	
专科医院	600	15~20	7.0~7.5	儿童医院地块容积率一般为 0.8~1.5；精神专科医院地块容积率一般为 0.5~0.8；传染病医院地块容积率一般为 1.0~2.0
	500	12~15	6.0~6.2	
	400	10~12	4.8~5.2	
	300	7~8	3.8~4.0	
	≤200	≤5	≤2.5	

社会福利设施（承载该类设施的用地类型为 A6）				
设施名称	床位数（床）	服务人口（万人）	用地规模（公顷）	备注
养老院（老年养护院）	300~500	20~30	1.25~2.5	用地面积按 25~50 平方米/床测算
	200~300	5~10	0.5~1.5	
	100~150	3~5	0.3~0.75	
儿童福利院	350~450	400~600	2.05~2.78	地块容积率为 0.6~1.0
	250~350	300~400	1.55~2.28	
	150~250	200~300	0.98~1.71	
	100~150	100~200	0.69~1.08	
综合社会福利院	180~300	80~140	0.67~1.75	地块容积率为 0.6~1.0
	90~180	40~80	0.35~1.10	
	50~90	20~40	0.21~0.58	

商业金融中心（承载该类设施的用地类型为 B1）					
中心等级	服务人口（万人）	用地规模（公顷）			服务半径
		所在城市人口为50万~100万时	所在城市人口为100万~200万时	所在城市人口>200万时	
市级	50~100	60~100	100~150	150~240	≤8公里
区级	10~50	20~60	60~80	80~100	≤4公里
地区级	<50	12~16	16~20	20~40	≤1.5公里

娱乐康体设施（承载该类设施的用地类型为 B3）			
设施名称	规模类型	服务人口（万人）	用地规模（公顷）
剧院/音乐厅	特大型	>500	>3.0
	大型	300~500	1.2~3.0
	中型	100~300	0.8~1.2
	小型	50~100	0.4~0.8

◆ 社区级公共服务设施设置指引

类别	设施名称	用地规模（公顷）	用地要求
管理设施	社区服务中心（街道级）	0.06~0.12	可联合建设并形成街道综合服务中心（用地面积≥1公顷）
	街道办事处	0.08~0.15	
	司法所	—	
文化设施	文化活动中心	0.3~1.2	
教育设施	初中、小学	以当地规划技术规定或中小学办学/建设标准为依据	应独立占地
体育设施	中型多功能运动场地	0.131~0.246	宜独立占地
医疗设施	卫生服务中心（社区医院）	0.142~0.285	宜独立占地
	门诊部	—	可联合建设
管理设施	社区服务站	0.05~0.08	可联合建设，并形成社区综合服务中心（用地面积≥0.3公顷）
文化设施	文化活动站	—	
医疗设施	社区卫生服务站	—	
福利设施	托老所	—	
商业设施	社区商业网点	—	
体育设施	小型多功能运动（球类）场地	0.077~0.131	宜独立占地
	室外综合健身场地	0.015~0.075	宜独立占地

续表

类别	设施名称	用地规模(公顷)	用地要求
教育设施	幼儿园	0.524~0.758	宜独立占地
福利设施	托儿所	—	可联合建设

5）表达形式

以文字结合图表的形式来表达，主要要求如下。

文字应说明规划依据及所采用的规划标准、公共服务设施的分级设置情况、各级/各类设施的服务范围。

图纸应表达公共服务设施的分布及覆盖情况，具体要求如下。

序号	图纸表达要求
A-1	清晰表达公共服务设施各级中心的位置
A-2	清晰表达公共服务设施的服务覆盖情况
A-3	清晰表达各类设施的位置

表格应列明各公共服务设施的类别、名称、等级、数量、用地面积、建筑面积、容量（班级数、床位数等）。

6）实例说明

◆ 区域统筹级公共服务设施

以下是中交扬州智能生态小镇项目的公共服务设施规划分析。该案例一方面落实现行控规和相关规定/规范的公共服务设施要求；另一方面结合智能农业谷的规划定位，策划布局了区域性文化设施——农业科普展览馆。

参考沙头镇控规，根据《扬州市市区规划管理技术规定》《城市居住区规划设计规范》（2002 年版[1]）要求，配置公共服务设施。

公共服务设施一览表

设施名称	数量	总用地面积(公顷)	总建筑面积(平方米)	备注
小学(24 班)	2	4.22	33 789	—

[1] 该项目概念规划编制时间为 2016 年。

续表

设施名称	数量	总用地面积（公顷）	总建筑面积（平方米）	备注
中学（60 班）	1	5.40	43 188	利用原北洲中学
综合医院（300 床）	1	1.05	12 600	—
文化活动中心	1	3.51	21 073	—
农业科普展览馆	1	1.64	18 000	—

注：项目范围内需配置 24 班小学 3 所、中学 1 所。因项目范围外镇区已规划有中学（北洲中学）、小学各 1 所，故本次规划项目范围内仅规划新增小学 2 所，并利用北洲中学。

公共服务设施布局规划图[1]

◆ 社区级公共服务设施

以下是成都市温江区永宁片区（医学城B区）综合开发项目的公共服务中心规划方案。该案例结合各片区的主导功能，在居住主导片区和产业主导片区分别布局生活邻里中心和产业邻里中心，基本实现社区级公共服务的全覆盖。

[1] 图中黄色标注框所示对应的是本项第 5 点表达形式的图纸要求。

质量管控

新服务：双邻共享，实现公共服务的全覆盖。

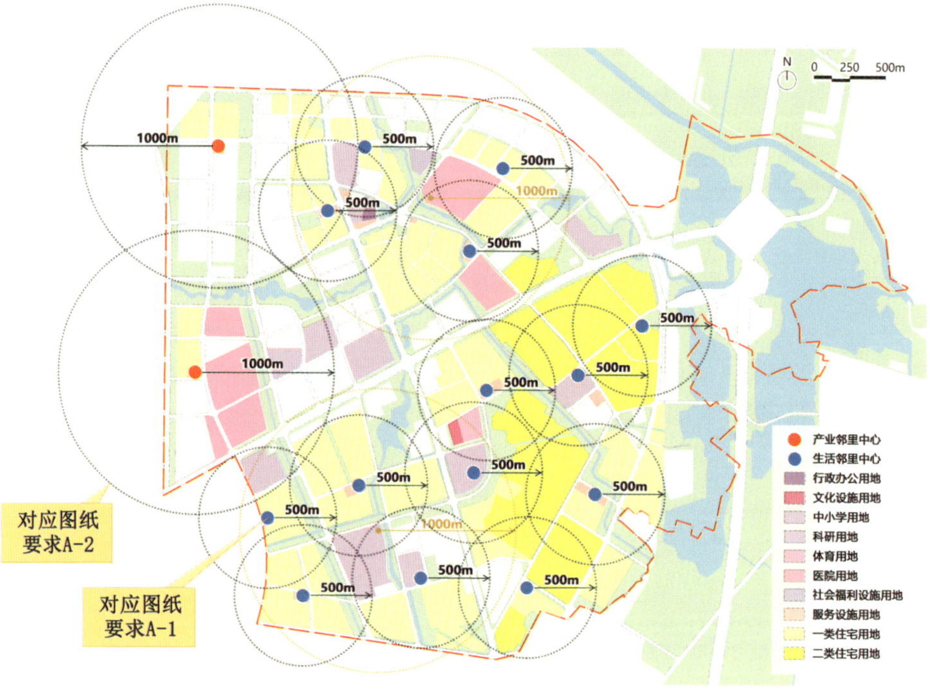

公共服务中心规划图[1]

12 市政公用设施

1）概念理解

市政公用设施，是指为项目范围乃至周边地区提供生活及生产服务的各项供应、环境、安全等基础设施。

2）管控目标

设施规模及布局合理，保障项目运营阶段的正常运转，减少相关设施对项目的负面影响；若项目已有相应的《项目投资合作协议》，设施配置还应满足协议要求。

3）管控要点

市政公用设施主要可分为供应设施、环境设施、安全设施和其他设施，

[1] 图中黄色标注框所示对应的是本项第 5 点表达形式的图纸要求。

按照其类型分类管控。对于以下提及的对周边环境具有负面影响的设施（电厂、高压走廊、污水处理厂、垃圾处理厂等），若相关设施在项目范围外但仍处于规划设计阶段，应提出该设施对本项目负面影响最小的选址建议。若《项目投资合作协议》所确定的合作范围内有明确需包含配建的设施时，应考虑相应设施的规划。概念规划的最终成果还需根据专项规划对规模布局做出修正。

（1）**供应设施**。包括供水、供电、供燃气、供热、通信、广播电视等设施。供水设施，应明确水厂等供水设施的规模、主干管网的规格与数量，以及两者的布局。供电设施，应明确变电站等供电设施的规模、高压走廊的规格与数量，以及两者的布局；其中，应避免布将电厂、高压走廊应置于中心区、居住区、商业区。供燃气设施，需明确输气管廊等供燃气设施的规格和布局。供热设施，主要针对北方冬季采暖地区，需明确锅炉房或输热管廊的规格及其相应布局。通信设施，应明确邮政、电信、移动通信等设施的规模和布局。广播电视设施，主要针对设有广播站的地区，需明确发射台等设施、微波走廊等的规模、布局以及对建筑高度的控制要求。

（2）**环境设施**。包括排水、环卫、环保等设施。排水设施，需明确排水体制，污水处理设施的规模、主干管网的规格与数量，以及设施的布局；若规划新污水处理厂，则应将其布置于下游地区，避免邻近居住区。环卫设施，需明确垃圾转运站等设施的规模和布局。环保设施，在区域统筹有设置要求时，应明确垃圾处理、危险品处理、医疗垃圾处理等设施的规模和布局，尽量避免将相关设施布置在项目范围内或布置于项目范围的上风向区域。

（3）**安全设施**。包括消防、防洪等设施。消防设施，需按照5分钟可达的服务半径配置消防站。防洪设施，在有防洪要求的地区，应明确防洪堤、防洪枢纽、排洪沟渠等设施的等级和布局。

（4）**其他设施**。主要指综合管廊。当项目当地有建设综合管廊的意向或处于具有市场潜力的地区时，应明确管廊位置及示范段。

索引号	类别	核心要素	管控建议
（1）	供应设施	供水	重点管控
		供电	重点管控
		供燃气	非重点管控
		供热	非重点管控
		通信	非重点管控
		广播电视	非重点管控
（2）	环境设施	排水	重点管控
		环卫	非重点管控
		环保	重点管控
（3）	安全设施	消防	非重点管控
		防洪	项目所在地区有防洪要求时重点管控
（4）	其他设施	综合管廊	非重点管控

4）技术指引

◆ 常见市政公用设施图例[1]

类别		设施名称	常见图例	备注
供应设施	供水	水厂		—
		给水泵站（加压站）		—
		给水管道	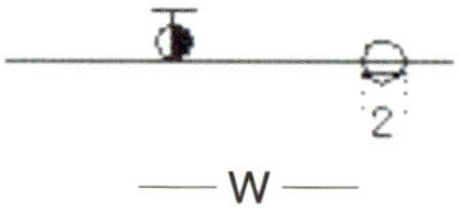	—
	供电	电源厂	100 kV 	前面标注的是电源厂的规模容量值
		变电站		—
		高压走廊		P 宽度为高压走廊宽度，kV 前为线路的电压值

[1] 查阅市政方面原始资料图纸时需重点关注。

类别		设施名称	常见图例	备注
供应设施	供燃气	气源厂		—
		输气管道	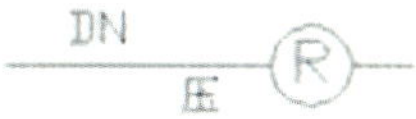 —— G ——	DN 为输气管道管径，压字前会标明高/中/低压
	供热	锅炉房		—
		供热管道	—— HP ——	—
	通信	邮政支局	(邮)	—
		电信分局	(信)	—
	广播电视	收、发讯区	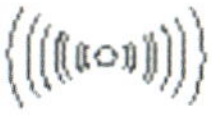	—
		微波通道	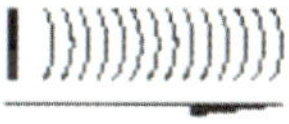	—
环境设施	排水	污水处理厂		—
		雨/污泵站		—
		污水管道	 —— DS ——	—
		雨水管道	 —— R ——	—
	环卫	垃圾转运站		—
	环保	垃圾无害化处理厂（场）		—

续表

类别		设施名称	常见图例	备注
安全设施	消防	消防站		—
	防洪	防洪堤	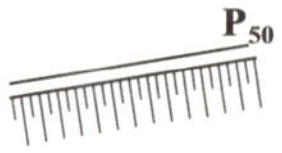	上方文字标注的是防洪标准
		泄洪道		—
		滞洪区		—

5）表达形式

以文字结合图表的形式来表达，主要要求如下。

文字应说明规划依据，项目内各类市政公用设施的预测需求量、数量和规模。

图纸应表达各项设施（含管线）的位置、规模和相应的公用设施用地范围。

表格应列明各项设施的类别、名称、数量、用地面积、建筑面积、规模。

6）实例说明

以下是中交扬州智能生态小镇项目市政公用设施规划分析。该案例对供水、供电、排水、环卫、消防、防洪等市政公用设施的使用需求做出了分析，并结合项目周边现状情况形成了项目范围内的设施布局方案。若该案例对项目相关的供排水主干管网、高压走廊的规格、数量与布局以及防洪闸的等级等也做出明确标注说明，则能更好地指导项目用地方案的优化，并形成更精准的投资测算。

根据相关规划，预测项目范围内未来用电、用水和污水量分别为46.5兆瓦、3.88万立方米/日、3.52万立方米/日。

项目范围内的用电、用水及污水处理主要依托周边的水厂、电厂及污水处理厂。

除镇区现有设施，项目范围内仍需配套建设 110 kV 变电站 1 座、消防站 1 座、排涝泵站 2 座、防洪闸 6 座来满足使用要求。

市政公用设施一览表

设施名称	数量	总用地面积(公顷)	总建筑面积(平方米)
消防站	1	0.39	—
110 kV 变电站	1	0.29	—
排涝泵站	2	1.20	—
防洪闸	6	—	—

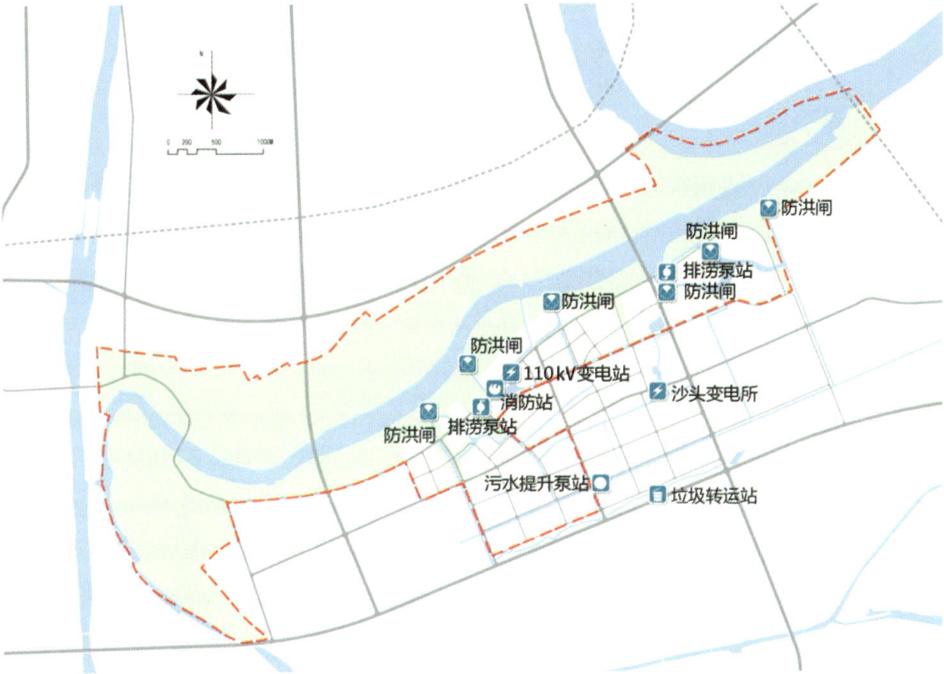

市政公用设施布局规划图

3.4 分步落实资源配置

分步落实资源配置，是项目整体方案与分期方案互动优化的过程。分期方案主要体现在分期策略和启动区建设2个方面，从时间维度上对项目整体方案做出细化，明确资源配置优化的推进时序，以及各阶段的发展目标、开发建设安排；并借助细化的研究思考，为项目整体方案的优化提供支撑。同时借助财务分析，从资金维度上检查项目整体方案与分期方案的经济可行性，指导方案的进一步优化。该阶段的工作核心是提出项目落地实施的建议。

1 分期策略

1）概念理解

分期策略，是指在项目整体投资测算评估的基础上，将一个项目持续进行的开发建设活动合理地划分为若干连续的阶段，并对各阶段（即每一期）的发展目标、总体路径、空间布局、重点项目、相关措施等内容做出预见性思考和安排。

2）管控目标

形成各阶段资金投入产出合理、适应不同政策发展情景的开发安排，总体实现“滚动开发，资金平衡”，便于现金流尽快回正，避免产生资金敞口过大、投资资金回正周期过长等隐忧。

3）管控要点

重点从阶段划分与时序安排、开发策略、开发建设规模与配比3个方面进行技术管控。

（1）**阶段划分与时序安排**。应明确项目的开发分期及每一期的发展目标；分期时长应与发展目标、土地出让计划相匹配，一般可按3年/期考虑；若项目已有相应的《项目投资合作协议》，还应符合协议中的合作期、建设期等要求。每一期的开发范围不一定要连片，根据土地开发条件成熟情况、用地布局规划等可形成飞地结构，如产业用地可与大面积的居住用地、商业用地不相连，但需确保有便捷的交通联系。近期开发应优先考虑较易获得可开发用地的区域，如无须征拆/征拆难度较小，或属于土地利用总体规划图中城乡建设用地/城镇开发边界内的地区；不宜选择需调整规划强制性内容的地区，如土规图中的基本农田或生态保护红线、港口规划中的港口岸线等。

（2）**开发策略**。应明确每一期的开发思路；明确每一期的空间结构及重点项目，尽量避免单一功能开发，满足3.3－3 重点项目中“项目策划”的技术要求；明确每一期的征拆情况、难点与对策，以及每一期土地开发、产业导入、开发成本等方面的政策需求。在协调各方诉求的情况下，整体开发策略结合经济测算评估，应尽量争取现金流尽快回正，控制投资节奏，平滑投资收益。

（3）**开发建设规模与配比**。每一期的开发建设规模与配比均应能满足财务需求，并符合当地市场现有的供需情况和行业市场的未来发展趋势。每一期均需配置与开发策略相匹配的产业用地。主要以土地、物业销售作为收益来源的项目，近期开发应注意控制去化周期相对较长用地的开发规模。合作内容包含城市运营时，对于市政公用设施的分期建设规模还应结合运营成本等情况考虑。

Tips　形成整体规划方案的过程中，也应同步考虑分期开发情况。启动区以外各分期的范围及开发策略，应根据项目实际运营的资金投入产出情况做出修正。

4）表达形式

以文字结合图表的形式来表达，主要要求如下。

文字重点阐述项目的开发分期及分期时长，各期的发展目标、开发思路、征拆情况、难点与对策、政策需求。

图纸应在用地方案图上表达各分期的范围，明确各期重点项目的位置。

表格应按分期列明各类建设用地的规模，重点项目的类别、名称和规模。

5）实例说明

以下是宁波奉化城市转型示范区（中交未来城）的分期开发策略。该案例按照近期3年、中远期6年的计划拟定了开发策略，明确了近期与中远期两大阶段的开发思路、重点项目和政策需求（主要是所需释放的土地指标）；近期主要依托土地利用总体规划图中的城乡建设用地进行开发（参见3.2-2 相关规划的实例说明）；每一期的开发建设规模均考虑了财务需求，并配置了一定的产业用地。若该案例对每一期的征拆情况、难点与对策也做出分析，则其对项目的开发实施会更具指导性。

■ **近期开发策略（2017—2019年）**

基础设施建设，标志性公建启动，重点引擎项目开发，配套居住用地开发。

■ **中远期开发策略（2020—2025年）**

沿轨道交通站点开发，重点向北融入宁波；落实引擎项目落位，拉通区域内主要干路网。包括尽快拉通常浦路、方欣路（顺浦路-常浦路段）等主干道路，启动配套商业项目、公共服务项目，导入刚需人口、产业、服务；启动常浦路两侧基础设施。2022年后再逐步开发金融岛，导入高端人口和产业。

■ **城镇开发边界及土地指标释放诉求**

争取纳入2035年城镇开发边界范围内用地面积共14.27平方公里。

需分期释放土地指标共12 960亩，其中：

2020—2021年，4 929亩；

2022—2025年，2 233亩；

2026—2035年，5 798亩。

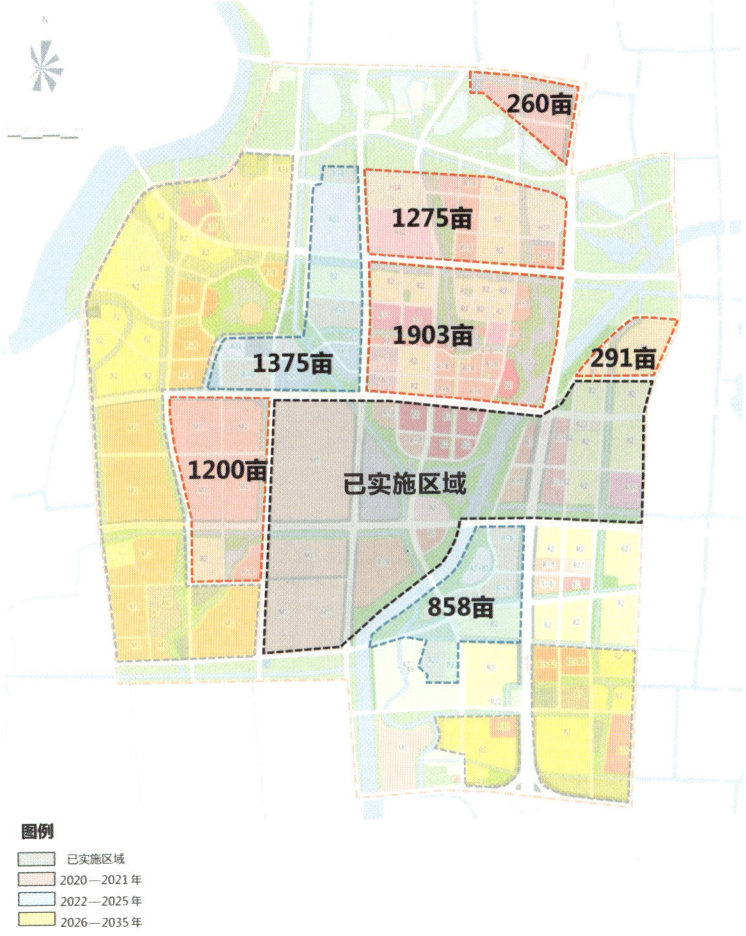
260亩
1275亩
1903亩
1375亩
291亩
1200亩
已实施区域
858亩
图例
已实施区域
2020—2021年
2022—2025年
2026—2035年

发展时序及用地面积图

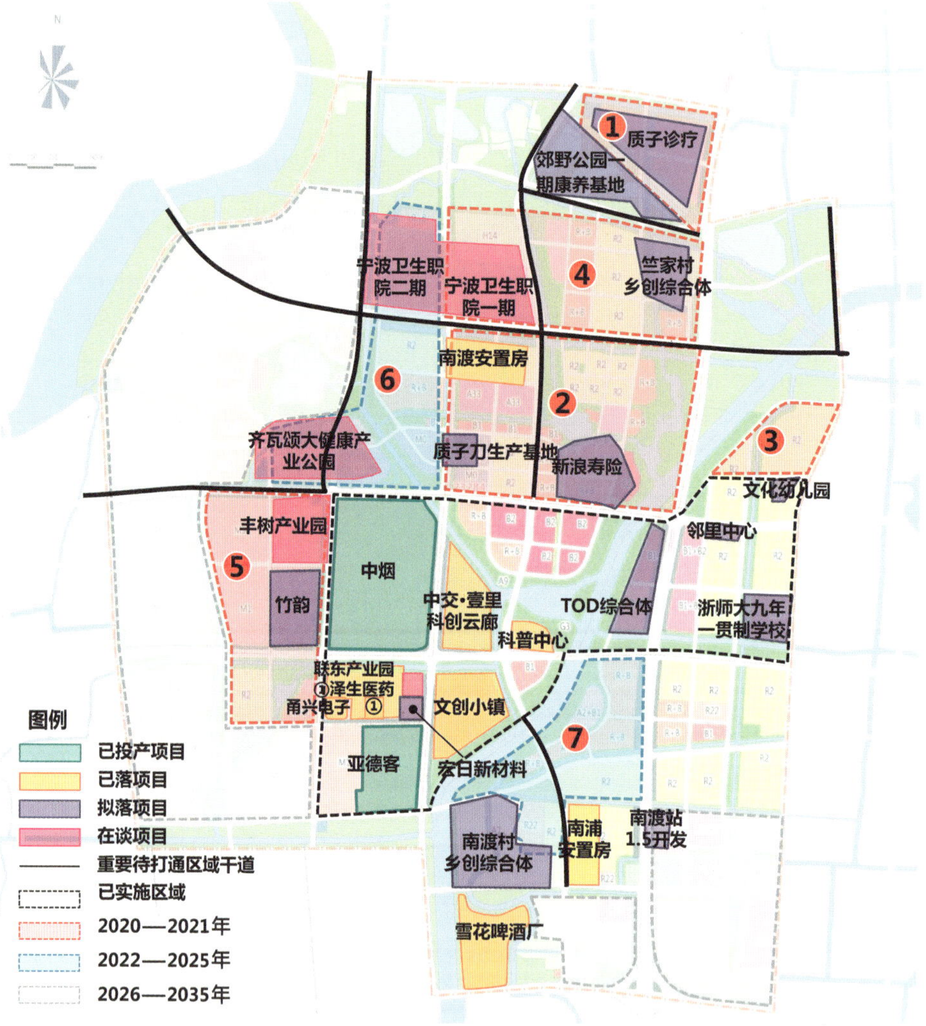

发展时序及近期项目布局图

2 启动区建设

1）概念理解

启动区建设是指项目第一期中最先开发，起到树立品牌、传递价值等作用的战略区域的建设，主要对项目区域最初发展与建设内容做出安排。

2）管控目标

昭示形象，集聚人气，助力投资者树立信心。

3）管控要点

重点从选址和规划两个方面进行技术管控。

（1）**选址**。主要关注区位条件、土地资源、特色资源、基础设施4个因素。

区位条件上，启动区应位于对外交通相对便捷的区域（已有快速交通、主干路通达，或周边有区域性重大交通站场设施，主要站场类型详见3.3－8 综合交通的技术指引）、项目门户位置，便于前期建设快速启动、打造项目形象。

土地资源上，应选择无需征拆或征拆难度较小的区域，以利于控制初期投资成本；注意选择具有一定规模、属于土规图中城乡建设用地（或国土空间规划中城镇开发边界内）的连片用地，便于成规模启动。

特色资源上，启动区应包含或邻近优美的生态环境（如湿地、湖泊、森林公园等）、区域性重大公共服务设施（如大学、职校、国际学校等教育科研机构，图书馆、博物馆、会展中心、体育馆等文体活动场馆，医院、康复中心、慢病管理中心等医疗卫生设施，党政机关等行政办公场所）、重要文旅项目（如4A/5A级景区）等利于培育人气的资源。

基础设施上，启动区应已有道路及市政公用设施配套，或处于衔接拉通相关设施成本较低的区域，便于快速启动、节省前期资金投入。

（2）**规划**。主要关注范围划定、重点项目、用地方案和综合交通4个方面。

范围划定，应考虑土地出让计划并满足重点项目落位需要；如土地出让计划与该区开发成本不匹配，则应改变该区开发规模，或与地方政府共同研究土地出让计划调整的可能性。

重点项目，根据项目所采用的发展模式而确定。采用以产促城模式时，应明确项目近期重点发展的产业、相应的产业载体项目（如商务办公、生产制造、物流仓储）以及相关人口的导入方式和吸引要素（如商业、酒店、公园等服务场所，住宅、公寓等居住设施，公共服务设施、道路、市政等基础配套）。采用以城促产模式时，明确近期重点打造或建设的形象项目（如“一站式”公共服务设施，或具有区域特色的公共服务设施、商业/文旅综合体、公共开放空间等）和基础配套（道路、市政），适当考虑居住设施。

用地方案，参见3.3－4 用地方案中“空间组织”的技术要求。

综合交通，对外应确保项目与外部资源（如周边重点城市、老城区、主要功能区等）、相关资源导入设施（如高速公路出入口、轨道站点等）形成便捷的交通联系；内部应以多种交通方式联通启动区的特色产品与特色资源。

4）表达形式

以文字结合图表的形式来表达，主要要求如下。

文字应表述启动区的选址原则、范围及用地面积、重点项目。

图纸应清晰表达启动区的规划方案，具体要求如下。

序号	图纸表达要求
A-1	清晰表达启动区的范围
A-2	清晰表达启动区的用地方案
A-3	清晰表达启动区范围内的重点项目名称及位置
A-4	清晰表达启动区的对外及内部交通组织情况

表格应列明启动区各类用地的规模、比例，重点项目的类别、名称和规模。

5）实例说明

以下为临沂东部生态城启动区规划。该案例的启动区围绕项目的综合服务区（即核心组团，参见3.3－2 空间结构的实例说明）划定，主要依托现状城市干道以及动植物园、青少年培训基地等具有区域性影响力的项目，采用以城促产模式进行开发。案例中不仅明确了近期重点打造的形象项目（包括文旅项目、公共服务设施和沭河湿地公园等），也结合启动区对外及内部交通的组织需要确定了优先建设的市政道路。若该案例能结合项目当地的土地出让计划优化启动区范围，则对项目的开发实施会更具指导性。

项目集中启动区范围约 3.2 平方公里，实施“以小博大，旅游引爆”策略。

以小博大，即引入投入较小的产业资源，保证前期投入小，但宣传效果好，赚取品牌效益，为第二个 3 年发展做铺垫。

旅游引爆，即开展旅游提升工程，与湿地公园板块形成旅游双核，通过旅游快速树立区域品牌，聚集人气，带动消费。

临沂东部生态城启动区实施计划图[1]

3 财务分析

1）概念理解

财务分析，是指在国家现行财税制度和价格体系的前提下，从项目的角度出发，计算项目范围内的财务效益和费用，分析项目的盈利能力和清偿能

[1] 图中黄色标注框所示对应的是本项第 4 点表达形式的图纸要求。

力，评价项目在财务上的可行性，为用地方案和分期策略的调整提供依据。

2）管控目标

理清项目财务内部收益率（所得税前）、资本金内部收益率（所得税后）、动态投资回收期（所得税后）等关键指标，指导整体及分期方案优化调整，实现项目的财务可行性。

3）管控要点

主要从总体测算和分期测算两方面进行技术管控。

（1）**总体测算**。投入上，应计算项目总体开发的工程费用、工程建设其他费用、预备费用（详见4.4投资估算表）。产出上，应计算项目合作协议中约定的收益。投资收益上，应核算项目总体开发的投资收益率是否达到投资机构的要求，如没有达到要求，则应优化调整整体方案；整体方案的优化调整主要涉及项目的用地方案和开发强度。

（2）**分期测算**。投入上，应计算项目每一期开发的工程费用、工程建设其他费用、预备费（详见4.4投资估算表）。产出上，应计算项目每一期开发的经营性用地出让收益。投资收益上，应核算项目每一期的投资收益率是否达到投资机构的要求，如没有达到要求，则应优化调整分期方案；分期方案的优化调整主要涉及分期策略和开发强度。

Tips 1　不同地区、不同建设标准的工程成本差异巨大，应在明确建设标准的基础上确定投入方面的工程费用单价，充分参考项目所在地同类项目情况。

Tips 2　若项目已有相应的《项目投资合作协议》，投入方面所需计算的工程类别、产出方面所需计算的收益类别，均以协议为准。

4）技术指引

经营性用地主要包括居住、商业服务业、工业、物流仓储用地。投资收益率，是指产出和成本的差值占成本的比率。

5）表达形式

以文字结合表格的形式来表达，主要要求如下。

文字应在投入部分说明投资范围、编制依据、取费标准、项目投入额；在产出部分说明土地单价取值依据、项目收入额；在投资收益部分说明收益情况是否满足投资合同的约定，判断项目在财务上是否可行。

表格应包括投资估算表、项目土地出让收入表、投资平衡测算表。其中，投资估算表应列出项目总体及分期工程费用、工程建设其他费用、预备费用的明细（详见4.4投资估算表）；项目土地出让收入表应列出项目总体及分期的各类经营性土地规模、土地单价、出让收入；投资平衡测算表应列出项目总体及分期的投资、产出、投资收益、投资收益率。

4 实用工具

SHIYONGGONGJU

4.1 概念规划成果大纲指引

为保证概念规划成果对必要的质量管控内容有所响应，本小节从研究大纲、主要图表、管控内容与标准 3 个方面对规划成果内容提出指引性参考。以下内容主要适用于概念规划任务下达阶段，可作为基础依据指导任务书或服务内容大纲的编制。

研究大纲 （针对主要研究内容，非成果目录）	主要图表 （按重要性排序）	管控内容与标准
第 1 章　发展环境与条件	—	—
1.1　项目范围	项目范围图	—
1.2　区位分析	区位分析图	详见 3.2－1 项目区位
1.3　现状分析 1.3.1　工程条件现状 1.3.2　资源禀赋分析 1.3.3　土地利用现状 1.3.4　土地供应现状 1.3.5　产业发展现状 1.3.6　综合交通现状 1.3.7　公共服务设施现状 1.3.8　市政公用设施现状	土地开发现状图（需叠合土地权属信息、基本农田和城镇开发边界线，明确项目可出让或规划可调整用地的分布情况） 土地利用现状图 产业分布现状图 综合交通现状图（可结合区位分析图表达） 公共服务设施现状图 市政公用设施现状图 注：现状条件比较简单时，上述图纸可整合为综合现状图	详见 3.2－3 现状梳理
1.4　综合评价（小结）	—	
第 2 章　相关规划分析	—	—
2.1　“十四五”规划	相应的规划图纸	详见 3.2－2 相关规划
2.2　国土空间总体规划		
2.3　控制性详细规划（如有）		
2.4　专项规划 2.4.1 产业发展规划（如有） 2.4.2 综合交通体系规划 2.4.3 公共服务设施专项规划 2.4.4 市政专项规划		

续表

研究大纲 （针对主要研究内容，非成果目录）	主要图表 （按重要性排序）	管控内容与标准
2.4.5 绿道规划（如有） 2.4.6 绿地系统规划 2.4.7 河涌水系规划（如有） 2.4.8 旅游发展规划 2.4.9 文化保护专项规划（如有）	相应的规划图纸	详见 3.2－2 相关规划
第 3 章 愿景定位	—	详见 3.3－1 愿景定位
第 4 章 概念方案	—	—
4.1 规划理念	—	—
4.2 规划结构	空间结构规划图	详见 3.3－2 空间结构
4.3 功能分区规划	功能布局图（可与空间结构规划图合并）	
4.4 重点项目规划	重点项目布局图	详见 3.3－3 重点项目
4.5 总体用地布局	土地利用规划图及用地统计表	详见 3.3－4 用地方案
4.6 开发强度规划	开发强度分区图	详见 3.3－5 开发强度
4.7 人口规模预测	居住人口分布图（可与居住用地规划图合并）	详见 3.3－6 人口规模
4.8 绿地水系规划	绿地系统规划图 水系规划图（视需要）（可与绿地系统规划图合并） 岸线功能/规划图（视需要）	详见 3.3－7 绿地水系
4.9 综合交通规划 4.9.1 对外交通规划 4.9.2 道路系统规划 4.9.3 慢行交通规划 4.9.4 社会停车场规划 4.9.5 水上交通规划（视需要） 4.9.6 货运交通规划（视需要） 4.9.7 新基建规划（视需要）	对外交通规划图（需表达人口导入路径） 道路交通规划图及一览表 社会停车场规划图 慢行系统规划图 绿道系统规划图（视需要） 水上交通规划图（视需要） 货运交通规划图（视需要） 新基建项目分布图（视需要）	详见 3.3－8 综合交通
4.10 居住与产业功能布局规划	居住用地规划图（视需要） 产业布局规划图（视需要）	详见 3.3－9 居住用地和 3.3－10 产业用地
4.11 公共服务设施规划	公共服务设施规划一览表 公共服务中心（分级）规划图 公共服务设施布局规划图	详见 3.3－11 公共服务设施

续表

研究大纲 （针对主要研究内容，非成果目录）	主要图表 （按重要性排序）	管控内容与标准
4.12　市政公用设施规划 4.12.1　需求量预测 4.12.2　市政公用设施规划	市政公用设施一览表 给水工程规划图 电力工程规划图 环保环卫规划图 燃气工程规划图 供热工程规划图（视需要） 注：规划设施情况比较简单时，上述图纸可整合为一张图	详见 3.3 - 12 市政公用设施
第 5 章　开发实施	—	—
5.1　分期建设规划	分期规划图 每一期的土地利用规划图及用地统计表	详见 3.4 - 1 分期策略
5.2　启动区建设规划	启动区重点项目分布图及一览表 启动区土地利用规划图及相关技术指标表（需叠合基本农田和城镇开发边界线，统计相应数据） 启动区规划结构图（视需要） 启动区交通规划图（视需要）	详见 3.4 - 2 启动区建设
第 6 章　投资估算	投资估算表	详见 3.4 - 3 财务分析

实用工具

4.2 概念规划成果标准18条评审表

为保证概念规划成果符合质量管控要求，本小节从内容、目标、技术要求、注意事项4个方面提供统一的评审要求，并从成果页码、评审结果、修改意见等方面规范评审记录，形成“概念规划成果标准18条评审表”，为成果评审时提供参考。

评审内容		目标	技术要求	注意事项	成果页码	评审结果	修改意见
1	项目区位	识别区域竞合格局和项目开发优劣势，理清需争取政策与资源倾斜的重点方向	明确项目所处的行政区关系，与重要政策区域、重点城市、周边重要地区的联系，判断项目在政策支持、生产要素获取、产业与市场基础、交通条件等方面是否具有优势	避免有表达无分析，有分析无结论		通过/修改	
2	相关规划	理清规划政策层面约束条件（特别是刚性限制），明确政府发展诉求，识别规划调整的政策允许空间	“十四五”规划：理清发展重点。 国空总规：明确三线控制要求、空间发展及布局指引。 控规：包括项目及周边片区，明确鼓励/限制情况。 专项规划：明确空间落位要求	理清批复情况并形成结论： 1）概念规划对相关规划的对接和继承意向； 2）概念规划与相关规划的矛盾点；相关规划的拟调整内容，调整的必要及可行性		通过/修改	
3	现状梳理	识别价值性因素，明确推动地价提升的潜力点；识别限制性因素，评估影响投资回报的敏感程度及应对解决的难易程度	从工程条件、资源禀赋、开发建设情况3个方面评估现状要素的利用可行性/保留必要性/调整可能性，提出相关设施增补的依据	1）应对尚未建设但已立项/确定建设时序的重大交通设施进行研究； 2）应识别对项目开发造成负面影响的要素		通过/修改	

续表

评审内容		目标	技术要求	注意事项	成果页码	评审结果	修改意见
4	愿景定位	形成既契合政府诉求、有一定高度,又极具实操可行性的远景描绘和区域分工	愿景:感性表达,言简意赅,朗朗上口。 定位:支撑逻辑合理;理性陈述,表述全面,准确精练	愿景和定位不能相互替代		通过/修改	
5	空间结构	形成自成系统、资金投放节奏与功能关系合理、重点开发区域明确的空间框架	1)采用组团式开发模式,各组团自成系统、功能相对独立完备; 2)因地制宜选择均衡式、强核式两种空间组合方式,合理布局功能组团	空间组合方式应与项目区位、项目规模相匹配,且能满足政府诉求		通过/修改	
6	重点项目	建立强化资源导入作用,激活项目发展活力,全周期赋能投资价值提升的项目库	基于愿景定位提出产业重点项目,落实当地政府要求,策划支持前述项目的补短板项目,并合理确定其规模和布局	1)形象、资金流和配套3类项目缺一不可,相互间的功能关系应逻辑自洽; 2)布局匹配空间组合方式		通过/修改	
7	用地方案	合理控制各类用地规模和功能布局,保障项目建设投资规模与投资回报资金来源	1)地块的划分符合开发条件和功能使用需要,布局控制外部正/负效应。 2)统计口径符合规范要求。 3)经营性建设用地占比弹性控制:R+BR 25%~35%,B+M+W 12%~27%,生活配套商业设施(B1)≤8%。 4)工程项目建设用地占比刚性控制:A≥5%,S≥10%,G≥10%	1)整体布局需与整个项目所选择的空间组合方式相匹配; 2)混合功能地块需明确混合比例,方便用地统计		通过/修改	
8	开发强度	符合规范,彰显品质形象,迎合市场,保障土地出让可持续,降低开发风险	1)容积率满足规范要求; 2)重点项目所在地块及投资机构关注地块的容积率符合产品特征; 3)容积率取值能通过财务分析	1)优先满足项目所在地的城乡规划管理技术规定/标准; 2)应对通风/视觉通廊等地方特色要求予以回应		通过/修改	

评审内容		目标	技术要求	注意事项	成果页码	评审结果	修改意见
9	人口规模	明确基本配套的服务规模，为相关工程建设总投资规模的合理控制提供依据	明确项目居住用地所满载的人口总量及空间分布情况	应优先结合项目当地的人均住房建筑面积进行预测； 根据实际需要，也可采用其他预测方法		通过/修改	
10	绿地水系	营造高品质公共环境，从而带动项目土地价值提升，加速投资资金回正	1）布局及指标（服务半径覆盖率/人均面积/宽度等）满足规范要求； 2）明确规划的绿地水系与生态保护红线、生态控制线、城市绿线/蓝线之间的关系，确定是否涉及调整； 3）结合慢行交通系统布置，落实公共开放空间营造需要	1）优先满足项目所在地的城乡规划管理技术规定/标准； 2）公园绿地应重点突出，分级分类，避免均质化； 3）广场用地≤5公顷/个； 4）水系避免盲目过大开挖，满足防洪排涝需要		通过/修改	
11	综合交通	区域枢纽便捷可达、内部道路紧凑高效、多种方式立体接驳，支持高品质出行体验与公共空间营造，带动土地价值提升	1）形成客流引入路径顺畅、对项目空间割裂小的对外交通体系； 2）形成与现状衔接、与分期匹配、道路间距与路网密度合理、满足公共开放空间营造需要的内部道路体系； 3）因应项目特色，选择建立水上交通/货运交通/新基建等特色交通体系	1）与外部站场尽量通过城轨或高速直达，与邻近高速尽量在距离最短处设出入口； 2）道路尽量整体格局方正，河道处平行或垂直布置； 3）智能停车场（库）的停车位应在100个以上		通过/修改	
12	居住用地	营造宜人居住环境，提升土地市场价值，以尽可能做大可支付土地出让收入的盘子，为二、三级联动提供优质可竞买标的	1）居住用地的现状开发条件符合居住功能特性，和相互间能形成规模效应的功能地块相邻布置，避免与对居住有不良影响的功能地块相邻布置； 2）配套用地满足分级配置要求； 3）形成有效组织居住－工作、居住－消费的交通流线	安置区尽量选择土地溢价较低、土地开发条件成熟情况与动迁时序相匹配的区域		通过/修改	

评审内容		目标	技术要求	注意事项	成果页码	评审结果	修改意见
13	产业用地	形成匹配产业链群发展、满足企业入驻需求的产业用地布局，为二、三级联动提供优质的开发运营标的	1)用地选址符合相应类型产业用地的要求； 2)产业组团间结合链条关系与产业联系，按组群方式相对集中布局； 3)用地性质选择符合当地政策要求、匹配投资货值需要	应就近集中布置污染大的产业用地，同时注意处理好与生活组团等的邻避关系		通过/修改	
14	公共服务设施	形成分级设置、适度超前、均衡布局、具地方性的公共服务设施体系，营造高品质营商及生活环境，助力品牌形象构建，带动土地价值提升	1)文化馆、科技馆、高等院校、体育馆、医院、养老院、大型购物中心、剧院等区域统筹级设施的配置，与相关规划、项目愿景定位相匹配； 2)社区级设施的布局及用地规模符合相应社区类型的要求	若项目所在地有地方出台的城乡规划管理技术规定/标准，应依据相应的管理技术规定/标准配置公共服务设施		通过/修改	
15	市政公用设施	设施规模及布局合理，保障项目运营阶段的正常运转，减少相关设施对项目的负面影响	1)明确供水、供电、供燃气等供应设施及主干管网的规模与布局，北方冬季采暖地区还需考虑供热； 2)明确污水处理厂、垃圾转运站、垃圾处理场等环境设施的规模，避免将其布置于生活组团的相邻或上风上水位； 3)涉及以下设施时应明确：广电设施对建筑高度的控制要求、防洪设施的等级和布局、综合管廊的位置	1)对周边环境具有负面影响的设施仍处于规划设计阶段时，应提出该设施对本项目负面影响最小的选址建议； 2)若有《项目投资合作协议》，规划设施应涵盖其所确定需配建设施		通过/修改	

评审内容		目标	技术要求	注意事项	成果页码	评审结果	修改意见
16	分期策略	形成各阶段资金投入产出合理、适应不同政策发展情景的开发安排，总体实现“滚动开发，资金平衡”，避免存在资金敞口过大、投资资金回正周期过长等隐忧	1）分期时长与发展目标、土地出让计划相匹配，一般按3年/期考虑； 2）近期优先选择较易获得可开发用地的区域，避免需调整基本农田、生态保护红线等规划强制性内容的区域； 3）每一期均自成系统，有明确合理的开发思路、空间结构、重点项目、难点对策、政策需求，用地配比满足财务需求	1）每一期的开发范围不一定要连片，但需确保有便捷的交通联系； 2）近期的用地配置应控制当地去化周期相对较长的用地的开发规模； 3）若有《项目投资合作协议》，应符合其合作期、建设期、城市运营等要求		通过/修改	
17	启动区建设	昭示形象，集聚人气，助力投资者信心的树立	1）选址于交通便捷、处于项目门户、土地条件成熟、已有或可低成本拉通道路及市政设施的区域，包含或邻近优美的生态环境、区域性重大公服设施、重要文旅项目等人气资源； 2）因地制宜选择以产促城、以城促产两种启动模式，提出与之相匹配的重点项目及用地、交通组织方案	1）范围内具有一定规模、属于土规中城乡建设用地（城镇开发边界）的连片用地，无须征拆或征拆难度较小； 2）规划范围满足重点项目落位需要，开发规模与土地出让计划相匹配		通过/修改	
18	财务分析	理清项目财务内部收益率（所得税前）、资本金内部收益率（所得税后）、动态投资回收期（所得税后）等关键指标，指导整体及分期方案优化调整，实现项目的财务可行性	明确项目总体及每一期的投入成本、土地出让收益和投资收益率	1）工程费用单价应充分参考项目所在地同类、近似建设标准的项目情况； 2）若有《项目投资合作协议》，计算的工程费用及收益类别以其为准		通过/修改	
总体意见							

4.3 用地统计表

用地统计表主要可分为“城乡用地汇总表”和“城市建设用地平衡表”。以下用地分类依据为《城市用地分类与规划建设用地标准》（GB 50137—2011），其中英文对照部分为参考多种资料翻译而来，不是该标准自带内容。

◆ 城乡用地汇总表

用地代码	用地名称	英文对照	用地面积（公顷）	占城乡用地比例(%)
H	建设用地	Development Land		
H1	城乡居民点建设用地	Urban and Rural Settlement Development Land		
H2	区域交通设施用地	Regional Transportation		
H21	铁路用地	Railway		
H22	公路用地	Highway		
H23	港口用地	Port		
H24	机场用地	Airport		
H25	管道运输用地	Pipelines for Coal, Oil, Natual Gas		
H3	区域公用设施用地	Regional Municipal Utilities		
H4	特殊用地	Specially-designated Land		
H41	军事用地	Military Sites		
E	非建设用地	Non-development Land		
E1	水域	Waterbody		
E2	农林用地	Agriculture and Forestry		
城乡用地		Urban and Rural Land		100

◆ 城市建设用地平衡表

用地代码		用地名称	英文对照	用地面积（公顷）	占城市建设用地例（%）
R		居住用地	Residential		
A		公共管理与公共服务设施用地	Administration and Public Services		
	A1	行政办公用地	Administrative Institutions		
	A2	文化设施用地	Cultural Institutions		
	A3	教育科研用地	Education and Research		
	A4	体育用地	Sports-related		
	A5	医疗卫生用地	Health Care		
	A6	社会福利设施用地	Social Welfare Home		
	A7	文物古迹用地	Cultural Relic		
B		商业服务业设施用地	Commercial and Business		
	B1	商业设施用地	Commercial		
	B2	商务设施用地	Business		
	B3	娱乐康体设施用地	Entertainment and Sports/Recreation		
	B4	公用设施营业网点用地	Public Utilities Branch		
	B9	其他服务设施用地	Other Service Facilities		
M		工业用地	Industrial, Manufacturing		
	M0	新型产业用地	New Industrial Land		
	M1	一类工业用地	Industrial 1 (Clean Industry)		
	M2	二类工业用地	Industrial 2 (Light Industry)		
W		物流仓储用地	Logistics and Warehouse		
S		道路与交通设施用地	Road, Street and Transportation		
	S1	城市道路用地	Urban Road		
	S3	交通枢纽用地	Driving Circuit/Test Centre		
	S4	交通场站用地	Transport Depot		

续表

用地代码		用地名称	英文对照	用地面积（公顷）	占城市建设用地例(%)
U		公用设施用地	Public Utilities		
	U1	供应设施用地	Supplying Utilities		
	U2	环境设施用地	Environmental Facilities		
	U3	安全设施用地	Safety Facilities		
G		绿地与广场用地	Green Space and Square		
	G1	公园绿地	Park		
	G2	防护绿地	Green Space Buffer		
	G3	广场用地	Square		
城市建设用地总面积			Urban Development Land		100

4.4 投资估算表

序号	工程或费用名称	估算价值（万元）			备注
		工程费用	其他费用	合计	
Ⅰ	工程费用		—		
一	土方平衡工程费		—		依据具体工程量计算
二	道路、桥梁及市政配套工程费		—		
三	公共服务设施工程费		—		
四	绿地景观工程费		—		
五	电力工程费		—		
六	水利工程费		—		
Ⅱ	工程建设其他费用	—			
一	工程勘察费	—			参考当地工程勘察设计收费指导标准（指引、计费导则）
二	工程设计费	—			
三	施工图审查费	—			参考当地施工图设计文件审查取费指导价格
四	建设项目前期工作咨询费	—			参考当地建设项目咨询工作取费指导价格
1	项目建议书编制费用	—			
2	可行性研究编制费用	—			
五	环境影响咨询服务费	—			参考当地建设项目环境影响评价咨询取费指导价
六	招标代理服务费	—			参考当地招标代理服务取费指导价格
1	工程招标费	—			
2	服务招标费-监理	—			
3	服务招标费-勘察设计	—			
七	工程监理费	—			参考当地建设工程监理服务取费指导价格
八	工程保险费	—			参考建标［2007］164号《市政工程投资估算编制办法》（工程保险费部分）

续表

序号	工程或费用名称	估算价值(万元)			备注
		工程费用	其他费用	合计	
九	建设单位管理费	—			参考中华人民共和国财政部令第81号《基本建设财务规则》
十	劳动安全卫生评审费	—			参考建标[2007]164号《市政工程投资估算编制办法》(劳动安全卫生评审费部分)、中华人民共和国劳动部令第3号《建设项目(工程)劳动安全卫生监察规定》
十一	场地准备及临时设施费	—			参考建标[2007]164号《市政工程投资估算编制办法》(场地准备及临时设施部分)
十二	工程建设交易服务费	—			参考当地建设工程交易服务取费标准
十三	水土保持方案编制费	—			参考当地水土保持服务取费指导价格
十四	水土保持设施竣工验收费	—			
十五	地质灾害危险性评估费	—			参考当地地质灾害危险性评估取费指导价格
十六	地震安全性评估费	—			参考当地地震安全性评估取费指导价格
十七	检验监测费	—			参考当地建设工程检测监测服务取费指导价格
十八	造价咨询服务费	—			参考当地工程造价咨询服务取费指导价格
1	单独编制或审核工程量清单相关费用	—			
2	单独编制或审核预算造价相关费用	—			
Ⅲ	征地拆迁费	—			参考当地征地拆迁补偿政策相关文件
Ⅳ	预备费用	—			
一	基本预备费	—			市政公用工程项目费参考建标[2007]164号《市政工程投资估算编制办法》
Ⅴ	估算总金额				